大阪商業大学比較地域研究所研究叢書 第十二巻

多国籍企業と地域経済
「埋め込み」の力

●

安室憲一 著

御茶の水書房

はしがき

　本書は、過去に発表した多国籍企業と地域経済に関連する論文に加筆し、新たに書き下ろした論文を加えて、纏めたものである。幾つかの論文は、外国で発表しており、英文で書かれているため、日本の読者の目にふれる機会が少なかった。可能な限り翻訳して日本語の論文として発表しなおしたが、英文のままのものもあった。今回、新たに翻訳して加えることにした。

　本書は、『多国籍企業と地域経済』（Multinationals and Regional Economies）というタイトルを付けたが、基本的には経営学の分野に属すると考えている。副題に『「埋め込み」の力』（the Power of Local Embeddedness）とあるように、パラダイムとしては新制度学派に軸足を置いている。本書の意図は、垂直統合型の組織がネットワーク型の組織に転換するさいに、立地場所の知的集積に深く根ざすことが基本になるという論点を強調することにある。それと同時に、「埋め込み」を強調することで「でこぼこした」（spiky）な世界の到来を予知している。ICT（情報・コミュニケーション技術）革命により、一見すると世界は均質化・フラット化するように見えるが、実はそうではなく、ますます「でこぼこした」世界に近づいていく（Ghemawat 2007）。世界的に見て、知的集積が社会に「埋め込まれている」ところは、歴史的にも特定の場所に限られている。ICT が繋ぐのは、そうした豊かな「埋め込み」のある場所と場所、集団と集団、人と人である。グローバル化によって、世界は一気に均質化するのではなく、濃淡のある起伏に富んだ世界になっていく。BRICs の台頭や新興市場国の発展は、世界が非西洋的世界に変容することを意味している。イスラム世界の台頭、中国の社会主義市場経済、インドのヒンドゥー教世界、ブラジルの人種多様性、アフリカ世界の文化的多様性、これらが共存する 21 世紀は、まことに「でこぼこした」起伏に富んだ世界である。この「でこぼこした」世界こそ「埋め込み」社会なのである。

　世界史的なパースペクティブに基づいて、各国・各地域の文化や言語、宗

教や価値観の多様性を踏まえ、伝統的な知の集積に深く根ざし、地域の持つ潜在能力を活かすことが、「埋め込み」の力への目覚めである。グローバルな組織が地域経済と深い絆を持ち、それを世界的ネットワークへと連結してイノベーションを創発すること。これは組織にとって豊かな創造性を意味するだけでなく、地域はグローバル組織のネットワークを通じて世界と繋がっていく。これが、地域にイノベーションを招来する。筆者は、これが21世紀型の組織イノベーションであると考えている。「埋め込み」の力に目覚め、それを活かすことを自覚した企業者が、21世紀のイノベータとなるだろう。そうしたビジョンを未来に託すことが、本書の第一の目的である。

　本書の第二の目的は、より個人的で学問的な性格を帯びている。長年の懸案だった「内部化理論」を超克することである。筆者は、1990年に英国のレディング大学に学び、ダニング教授の教えを請う機会を得た。その縁もあり、ピーター・バックリー教授（元オックスフォード大学教授）、マーク・カソン教授、ジェフリー・ジョンズ教授（現ハーバード・ビジネススクール教授）、ジョン・カントウェル教授（現ニューヨーク大学教授）、アラン・ラグマン教授（現レディング大学ビジネススクール教授）、マティアス・キッピング教授（現ヨーク大学チューリッヒ経営大学院教授）らと親交を持つことができた。彼らは、いわゆる「レディング学派」に属する研究者である。レディング学派は、ダニング教授を開祖とする「内部化理論」（internalization theorem）を主唱する学派として知られている。この「内部化理論」は、初期には、ライセンシング、輸出、合弁事業、完全所有子会社の段階的な選択ないし市場参入モードの理論として作られたが、後にはウィリアムソンの取引費用説を援用した「内部化理論」に深化した。つまり、「市場失敗」のパラダイムを共有したのである。じつは、ここに問題の根があった。

　筆者がウィリアムソンの著作（Market and Hierarchies, 1975）に接したのは、大学院の学生の時だった。マーケティング論の恩師の風呂勉教授の下で、難解な原書と取り組んだ。ご承知のように、コースもウィリアムソンも、文章の難解さでよく知られている。独特の用語法、難解な文章に難渋したが、それよりもわからなかったのは「市場の失敗」（原著では「組織の失敗」とな

っている）パラダイムだった。当時、筆者は組織論を中心に勉強をしていて、典型的な「バーナード主義者」、つまり共同体の信奉者だった。したがって、ウィリアムソンの理論の根底にある一種の人間不信が理解できなかった。市場を通じた取引には詐術が付き物で、それを細かな契約書で防ぐことはできない。取引を内部化して階層組織で管理することが取引費用を節約し、経済を効率化するという論理は、なかなか納得できなかった。ウィリアムソンの市場取引の概念が伝統的な功利主義の哲学に由来していることを知ったのは、だいぶ後のことであった。筆者は、経営学者として教育を受けたので、典型的な「共同体主義者」だった。とくに、恩師の栗田眞造教授は、ドイツ経営学の影響を強く受けた経営共同体説（栗田理論ではケルパーシャフトと定義）の主唱者だった。したがって、筆者は自然に、組織の中の人間観、つまり「仲間は信頼できる」という前提（性善説）から出発していた。したがって、市場主義者の「人間不信」（性悪説）ないしは「究極の利己主義」を前提とする思考方法に順応できなかった。これは、今から考えると、ベニスの商人のアントニーオとシャイロックほどの価値観の相違と言えるだろうか。

　市場の側から組織を眺めたロジックがコース・ウィリアムソンの定理であるのなら、組織の側から市場を眺めたらどのような見方が可能なのか。バーナードの組織論は、1つの見解を示しているが、理論的な回答を与えてはいない。組織の側から市場をどのように見て、どのように記述するか。これが30年以上、筆者を悩ます課題となった。

　組織にとって、取り巻く環境とは他の組織だと言うところまでは、その後の学習と経験で理解できた。問題は、その「環境」をどう定義し、記述するかであった。思いあぐねて行き詰まり、1997年に再びレディング大学を訪問した時、一冊だけ鞄に詰めて飛行機に乗った。その書物が、A. Amin and T. Thrift（eds.）*Globalization, Institution, and Regional Development in Europe*（Oxford University Press, 1994）だった。これが地域経済研究への糸口になった。この書物から行きついたのが、G. Glabher（ed.）*The Embedded Firm : On the Socioeconomics of Industrial Network*, Routledge（1993）であった。レディング大学では、この書物に文字通り没頭した。この書物は、新制度学派に属する著名な研究者の論文

集であるが、非常に重厚で読みごたえのある名著である。当時、筆者はウィリアムソンの著作（Economic Organization, 1986）の翻訳に参加していたので、新制度学派とウィリアムソンの制度学派の違いがよくわかった。そこで初めて、ウィリアムソンの論理的な欠陥が見えてきたのである。その内容については、第 2 章で論じたのでご一読いただきたい。

「内部化理論」の欠陥が理解できたことから、垂直統合型企業が解体され、ネットワーク型組織に代替されるまでのロジックが理解できた。そして、市場がバラバラの個人で構成された「万人の万人による闘い」（功利主義のパラダイム）の場ではなく、「社会生活を営む人々の日々の交流を通じて培われた信頼のネットワーク」であるという新制度学派の市場観に共鳴した。つまり、組織の側から市場を見ることが、G. Glabher の「埋め込まれた企業」というコンセプトによって、初めて可能になった。やっとブレークスルーの糸口が見えたのである。

組織の側から市場を見たら何が見えるのか。それは、言うまでもなく地場に立地する他の組織や市民のネットワークである。言い換えれば、一般に産業集積と呼ばれている「実存的」な人々の営みである。これらの集積（知識や産業基盤）に深く根ざすほど、それらの機能を組織に「内部化」する必要性は少なくなり、他の組織への依存関係が増してくる。必然的に組織はよりオープンになる。社会生活を通じた交流が深く、信頼性が増すほど、取引費用は低下し、階層組織による管理の必要性が少なくなる。言い換えると、経済社会が商業道徳を保持する度合いが高いほど、取引を通じて詐術を受けるリスクは少なくなる。逆に、商業道徳が崩壊した社会では、市場の失敗から取引を守るために、取引を内部化する必要性が増す。つまり、取引契約が危うくなると、取引を組織に内部化し、雇用関係に置き換えることで、法的拘束力を強化するのである。市場にいる人間が信用できないから、取引を組織に内部化するという前提は、明らかに「性悪説」である。ここで疑問になるのは、取引の内部化により「取引費用」は節約できても、あらたに階層組織の形成にともなう固定費（一般管理費）が発生することである。この組織の費用は取引費用よりも常に小さいと仮定してよいのだろうか。ウィリアムソ

ンは「組織の費用」には言及しないのである。

　他方、商業道徳をよく守り、地域社会に根ざしたビジネス（「埋め込み」の力）は、「性善説」に立っている。この場合は、垂直統合型の組織をあまり必要とせず（精錬工程のように技術的理由から統合が必要な場合はこの限りでないが）、フラットな組織を持つだろう。組織にかかる維持費（一般管理費）が少ないので、組織は財務的にも効率的になる。さらに組織は必要な場合には、自らの組織を解体（たとえば撤退やスピンアウト）して、市場を作り出すこともできる。その場合、組織が作った市場は、共同体に近い性質を持ったネットワーク的な市場、つまり、「埋め込まれた企業」（embedded firm）になるだろう。こうして、組織の側から市場を眺めると、ウィリアムソンとは違う世界が見えてくるのである。この「埋め込み」コンセプトをグローバルに事業活動を行う多国籍企業に適用すること、これが本書での試みである。何らかの学問的意義があることを希求している。

本書の構成

　本書の構成を簡単に説明し、論文の出所を明らかにしておきたい。第1章は、拙稿「多国籍企業の新しい理論を求めて」『多国籍企業研究』（2009年、2巻、p.3-20）に加筆・修正したものである。ここでは、古典的な多国籍企業の理論の限界を明らかに、新しい理論に必要な現状認識と課題について明らかにした。とくに、組織の分散と統合にともない、子会社組織の立地場所との親和性、地域の産業集積に根を下ろしたネットワーク形成の重要性を論じている。全体のイントロダクションの役割を果たしている。

　第2章は、拙稿「「内部化理論」の限界有効性」『立教ビジネスレビュー』（2009年、2巻、p.9-17）を修正したものである。ここではウィリアムソンの取引費用説に基づく「内部化理論」を批判的に検討し、内部化理論の有効性には限界があることを論証した。ここでは、組織の費用が市場の費用を凌駕する時、組織は市場に還元されると主張し、ネットワーク型組織が成立する論理的基盤を明らかにした。

第3章は、拙稿 "Transnational enterprises and the global linkages between local economies : a new perspective of eclectic paradigm,"『神戸商科大学創立70周年　記念論文集』（2000年、p.359-378）の翻訳である。この論文は、1999年3月に、レディング大学経済学部で開催された International Business History Workshop で報告したものである。ここでの主題は、新制度学派の理論に基づき、グローバル企業の組織連携を通じた地域経済のリンケージについて考察することである。ここでは、ドイツのバーデン・ヴュルテンベルク州とイタリアのエミリア・ロマーナ州の産業集積の比較を通じて、企業の垂直統合型組織の「埋め込み」に根ざしたネットワーク型組織への転換可能性について論じた。

　第4章は、拙稿の The location strategies of Japanese multinationals in the US, in G. Jones and Lina Gálvez-Muñoz（ed.）（2002）*Foreign Multinationals in the United States : Management an Performance*, Routledge（第12章）、に加筆し日本語にした論文、安室憲一・西井進剛著「日系企業の米国立地戦略――マネジメント・スタイルと立地選好の関係――」『商大論集』（2001年、53.2-3 : p.1-26）に基づいている。ここでは、アンケート調査から、日系企業の米国立地選択と業種、マネジメントのスタイルとが、どのような関係にあるかを体系的に調査した。その結果、4つの立地選択のタイプがあり、それぞれが製造のアーキテクチャと深い関係にあることを明らかにした。

　この研究報告は、ジェフリー・ジョーンズ教授が主宰した2000年8月のユニリーバ・ハウス（ロッテルダム本社）で行われた国際経営史ワークショップ "Management and Performance of Foreign Companies in the United States" で発表した。この研究会では、ダニング教授、ミラ・ウィルキンス教授など著名な研究者の方々に有用なアイデアを頂戴している。

　第5章は、拙稿の Japanese general trading companies and "free-standing" FDI after 1960, in G. Jones（ed.）（1998）*The Multinational Traders*, Routledge p.183-200.（第10章）に基づき加筆した論文、安室憲一・四宮由紀子稿「総合商社の「市場形成型」直接投資の分析――英国フリースタンディング会社との比較において――」『商大論集』（1999年、50.5 : p.81-115）によっている。ここでは、総合商社の1960年以降の直接投資と撤退を調査した。その結果、商社の撤退

は、どのような仮説にも該当しない特有の現象であることを明らかにした。そこから、商社の撤退は事業の失敗ではなく、「中間財」取引の市場形成のための投資と撤退であったという論点を引きだしている。それとの関連で、1960年代までに消滅した英国のフリースタンディング会社との類似性を論じた。

この研究は、1997年9月にレディング大学で行われたCentre for International Business Historyで報告した論文に基づいている。

第6章は、現在進行中の研究「グローバル・エンターテイメント企業の研究・カナダの事例研究」（平成22・23年度大阪商業大学アミューズメント産業研究所研究プロジェクト）に依っている。カナダのモントリオールの調査では、共同研究者のマティアス・キッピング教授（カナダ・ヨーク大学チューリッヒ経営大学院教授、大阪商業大学アミューズメント研究所研究員）の助力を得て行われた。この章では、BGC（ボーングローバル企業）の一環として、シルク・ドゥ・ソレイユを取り上げ、その成立に果たしたモントリオールの「埋め込み」の重要性について分析した。シルク・ドゥ・ソレイユが「持続する競争優位」を保持する理由として、地域の「埋め込み」への再投資がいかに重要であるかをビジネスの生態学として明らかにした。ボーングローバル企業は、生まれ故郷を捨てて世界に雄飛するのではなく、生誕地の「土壌」を豊かにすることで、イノベーションを繰り返す点を強調した。

第7章は、2009年の第3回多国籍企業学会の全国大会での報告に基づき、『多国籍企業研究』3巻に掲載した論文に加筆したものである。この研究は、平成20年度科学研究費補助金（萌芽研究、代表、安室憲一）、研究課題：「制度設計の失敗による誤ったインセンティブ―なぜ経営者は法律の目的を読み間違えるのか」（課題番号19653033）に基づいている。ここでの主題は、特定の立地場所（このケースではウォルストリート）で生まれたビジネスモデル（このケースでは投資銀行やファンド）が、自己のビジネスに有利なように制度を改変することで、システミック・クライシス（この場合は、国際金融危機）を招くに至った経緯を、「制度設計の失敗」という観点から分析した。

1章から6章までは、広い意味での多国籍企業と地域経済の関係を分析したが、この章では、地域経済から遊離したビジネスモデルが仕掛けた戦略が「制度設計の失敗」を招来し、グローバルなネットワークを通じて世界経済に破壊的影響を及ぼした点を分析した。しかし、リーマンショックに端を発する世界金融危機はまだ終息していない。現在、EUのソブリンリスクに飛び火し、深刻の度を深めている。この問題は、新制度学派にとって重要な研究課題と言えよう。

終章は、グローバル企業研究に果たすべき「埋め込み理論」の役割について論じている。多国籍企業研究における地域経済研究の位置づけ、今後果たすべき役割について考察し、幾つかの提言を行っている。

謝　辞

本書は大阪商業大学比較地域研究所刊行の研究叢書第十二巻として刊行された。本書が纏まるまでには、多くの方々の激励や研究の支えを頂戴した。自ら率先して新しい研究テーマにチャレンジされ、常に斬新な研究へとわれわれを誘って下さった大阪商業大学学長の谷岡一郎先生、出版の機会を与えて下さった大阪商業大学副学長の片山隆男先生、比較地域研究所所長の上原一慶先生、本書の執筆を強く勧めて下さった経済学部長の前田啓一先生に対して、心より感謝を申し上げたい。また、本書の各章については、内外の多くの研究者の協力や研究費の補助金の提供を受けている。各章の文末に謝辞として記載させていただいた。また、兵庫県立大学経営学部准教授西井進剛氏には資料整理等でお世話になった。記して感謝としたい。

本書は時期的にも異なるタイミングで書かれた論文から構成されているので、全体の繋がりに齟齬があるかもしれない。ほとんどの論文が内外の査読を受けているが、思い違いや知識の少なさから、間違いをおかしているかもしれない。誤りはすべて筆者の責任である。読者の忌憚のないご批判を期待している。

はしがき

　つたない書物ではあるが、本書を今は亡き入江猪太郎先生（神戸大学名誉教授、元近畿大学教授）とジョン・H. ダニング教授（レディング大学名誉教授、元ラートガス大学教授）に捧げたい。

　　　　　　　　　　　　　神戸の垂水の茅屋にて　　安室　憲一

多国籍企業と地域経済
目　次

目　次

はしがき ……………………………………………………………………… i

第 1 章　多国籍企業の新しい理論を求めて ……………………… 3
　はじめに　3
　1　直接投資の構造的変化　4
　2　第 2 次グローバリゼーションの推進力　7
　3　アーキテクチャ革命とスマイルカーブ　8
　　3.1　インテグラル型とモジュール型　8
　　3.2　製品のモジュール化と組織のモジュール化　12
　　3.3　インドの ICT アウトソーサーと「ワールド・イズ・フラット」現象　13
　4　グローバル企業のロジックと比較優位　15
　5　搾取労働の復活：グローバル経済の下での労働組合の弱体化　17
　むすび　グローバル化と「場所」の持つ意味　19

第 2 章　「内部化理論」の限界有効性 ……………………………… 23
　はじめに　23
　1　垂直統合は取引費用を節約するか　24
　2　「市場の失敗」と「組織の失敗」：どちらが深刻か　27
　3　市場の確実性と不確実性の谷間　30
　むすび　新しい理論に必要な視角　32

第 3 章　多国籍企業によるローカル経済の
　　　　　グローバルな連結 ……………………………………………… 39
　はじめに　39
　1　内部化優位に対する若干の疑問点　44
　2　立地優位性とローカリティ　47
　3　産業地区における (I) 優位と (L) 優位のダイナミックなリンケージ　48
　　3.1　バーデン・ヴュルテンベルクの自動車産業における垂直統合の「リーン・プロダクション」への転換　48
　　3.2　エミリア・ロマーナにおけるニットウェア産業　53
　4　多国籍企業と中小企業のローカル・ネットワークの連結　55
　むすび　垂直統合に代替する「ローカル生産のネットワーク」　58

第4章　日系企業の米国立地戦略
　　　　──マネジメント・スタイルと立地選好の関係── ………… 61

1　日系企業の対米直接投資と立地選択　61
　1.1　日系企業の立地選択の変遷　61
　1.2　これまでの研究成果　63
2　課題の定式化と分析枠組み　64
　2.1　ダニング理論の再編成　64
　2.2　日本的なものづくりのコンセプト：「インテグラル」アプローチ　66
　2.3　マネジメントのタイプと立地場所の親和性　68
3　調査の方法　71
　3.1　回答企業のプロファイル　71
　3.2　調査結果の分析　71
4　立地選択の要因と企業のタイプ分類　74
　4.1　立地選択の5要因　74
　4.2　4つの企業クラスター　75
5　4つのクラスターのマネジメント特性　78
　5.1　大都市立地型の特徴　78
　5.2　田園立地型の特徴　79
　5.3　中間立地型の特徴　81
　5.4　物流立地型の特徴　82
6　多様な立地選択が存在する理由　83
　6.1　「ものづくり」のあり方と立地選択の関係　83
　6.2　都市型立地の知識移転効果　85
むすび　立地選択と棲み分けのロジック　88

第5章　総合商社の撤退による内部取引の外部化
　　　　──「市場形成型」直接投資の戦略的意図── ………… 93

はじめに　93
1　総合商社の海外直接投資とフリースタンディング会社の類似点　97
　1.1　商社参加合弁の理論と歴史的評価　97
　1.2　フリースタンディング会社の歴史的意義とその理論化　100
　1.3　フリースタンディング会社は多国籍企業か　101
2　「フリースタンディング型インベスター」としての総合商社　105
　2.1　総合商社の海外関連子会社　105

    2.2　中間財の輸出促進　106
    2.3　短い投資ライフサイクル　107
  3　総合商社の海外関連子会社の生存率　108
    3.1　総合商社の海外関連子会社の生存状態：生存、消滅、撤退　108
    3.2　総合商社における高い死亡率の理由　112
      3.2.1　総合商社の出資比率と海外関連子会社の生存状況　112
      3.2.2　海外関連子会社の規模と生存状況　113
      3.2.3　海外関連子会社の産業分野と生存状況　114
      3.2.4　海外関連子会社の立地場所と生存状況　116
      3.2.5　設立年度と生存状況　117
  4　中間財市場創造のための「市場形成型」海外直接投資　118
    4.1　中間財市場の組織化　118
    4.2　英国フリースタンディング・カンパニーとの類似性　119
  むすび　商社による市場形成と技術の標準化　120

第6章　ローカル・ベンチャーからグローバル・ビジネスへ
——「埋め込み」の力——　125
  はじめに　125
  1　ボーン・グローバル・カンパニー（BGC）研究の分析枠組み　126
  2　シルク・ドゥ・ソレイユの魅力とビジネスモデル　130
  3　シルクを生んだモントリオールの雰囲気とギー・ラリベルテ　132
  4　シルクの競争優位とコンピタンス　134
  5　シルクの競争優位の源泉　137
  むすび　ローカルの「埋め込み」の力　139

第7章　制度設計の失敗と多国籍金融業の行動
——金融危機の一考察——　141
  はじめに　141
  1　「制度設計の失敗」の分析枠組み　141
  2　基本原因としてのアメリカの財政問題　147
  3　アメリカン・ドリームと持ち家政策　149
  4　制度の利己的利用とモラルハザード　151
  5　なぜアメリカのファンドや投資銀行は過大なリスクを取ったのか　152
  6　保険における「合成の誤謬」と「集団思考の罠」　155

7　国際会計基準の恣意的運用　158
　むすび　金融制度の再構築　160

終わりに………………………………………………………………165

参考文献　171

索　引　183

多国籍企業と地域経済

「埋め込み」の力

第 1 章　多国籍企業の新しい理論を求めて

はじめに

　本章では、垂直統合型企業を前提とした「古典的多国籍企業の理論」（'Classic Theory' of MNE）に代わる新しい理論を求めて、様々な問題を提起し、吟味する。論点の中心は、インターネット革命以降、新たに出現した「アーキテクチャ革命」が世界経済に及ぼす影響、その結果として生まれたグローバルな組織の地理的分散と統合の効果についてである。

　過去の多国籍企業の理論（直接投資の理論を含む）は、垂直統合戦略または垂直的に統合された生産システム（ないし組織構造）を前提に構築されていた。バーノンの PLC モデル（Vernon 1971, 1977, 1979）、ニッカボッカーの寡占行動論（Knickerbocker 1973）、レディング学派の内部化理論（Buckley and Casson, 1976）、ウィリアムソンの取引費用説（Williamson 1975, 1986）、これらはみな「垂直統合」された企業組織を念頭に置いている[1]。ところが、今日の多国籍企業のグローバル展開は、脱垂直統合型（水平分業型）ないしネットワーク型（アウトソーシングを含め）に変わってきている。端的に言えば、内部化ではなく外部化を、閉鎖的ではなくオープン化を志向している。それとともに、多国籍企業の構築する生産ネットワークの連なり（filieres）と各国子会社の立地選択、それを通じた地域経済のグローバルなリンケージの形成が新たに注目されている。同時に、新しいビジネスモデルの出現によって、世界各国・各地域の経済活動が結合し、それが新たな経済格差をもたらしている。世界的な受託加工産業の増殖は低賃金を構造化し、新たな労働問題を引き起こしている。古典的な多国籍企業理論は、こうした新しい現実に対す

る回答を用意していない。21世紀の新しい現実を踏まえた理論の展開が求められているのである。それでは、古典的な多国籍企業論が想定していたパラダイムと、21世紀の現実とはどのような違いがあるのだろうか。

1　直接投資の構造的変化

　G.ジョーンズ（Jones 2005）は、近著『国際経営講義』（安室・梅野訳、有斐閣、2007年）で対外直接投資の変遷を3つの段階に区分して、次のように論じている。第1段階は、1880年から1929年であり、これを「第1次グローバル期」と呼ぶ。この時期の特徴は、金本位制のために資本の国際移動が比較的たやすかったこと、移民による労働力の国際移動が大規模に起こったことである[2]。この流れの中で、冒険商人や植民地人（expatriates）が活躍し、起業活動の一環として英国やオランダのフリースタンディング会社が続出した。この時代は、帝国主義という条件付ではあるが、ヒト・カネ・モノが比較的自由に行き来したボーダレス時代であった。

　第2段階は、1930年から1980年代の末あたりまでであり、ここでは「国民経済の時代」（国による統制経済）と呼ぶことにする[3]。この時代は、各国政府がナショナリズムおよび保護主義的な規範に基づき、国民経済の再建・強化を目的に経済・産業・貿易政策を推進した。世界恐慌後の各国政府は、国家指導の企業統合などを通じて自国の大企業（ナショナル・チャンピオン）やカルテルを推進し、国際競争市場で支配的地位を確立しようとした。一方、受入国政府は外資の市場参入を規制し、場合によっては、外国企業の国有化を断行した。自国を代表する企業チャンピオンは、他国の企業チャンピオンと国際カルテルを結んで国際市場を分割する動きにも出た（第2次大戦以前）。

　第2次大戦後は、米国のヘゲモニーの確立とともに、アメリカ大企業が圧倒的な優位性を獲得し、積極的に欧州市場に進出した。各国政府はこれを規制しようとしたが、資本自由化の波が保護主義を困難にしていった。1980年代以降になると、日・欧の競争優位が高まり、北米への企業進出が

第 1 章　多国籍企業の新しい理論を求めて

相次いだ（Jones and Lina 2002）。

　第 3 段階は、1990 年以降に出現し、21 世紀の初頭以降に奔流となった「グローバル経済」の時代である。G. ジョーンズ教授は、これを「第 2 次グローバル期」と特徴付けている。第 1 期と第 2 期の違いは、第 1 期が帝国主義の膨張と世界大恐慌の勃発で終わるのに対し、第 2 期が社会主義圏の崩壊（開放体制）と市場経済への統合によって幕を明けたことである。G. ジョーンズ教授は、グローバリゼーションが歴史上、直線的に実現されたものではなく、幾つかのジグザグな経路をへて、徐々に進んできたと述べている。これからも、グローバリゼーションは後退・前進を繰り返しつつ、漸進的に進展すると考えられる。

　21 世紀初頭を「第 2 次グローバル期」と特徴付けるなら、第 1 次グローバル期との類似点は何であろうか。海外直接投資（FDI）の流れを見ると、第 1 次グローバル期は、西欧先進国から発展途上国（地域）に向かった。投資国（1914 年）では、第 1 位が英国でシェア（累積ベース）45％、次いでアメリカの 14％、ドイツの 14％、フランスの 11％、オランダの 5％、その他ヨーロッパの 5％と続く（それ以外 6％）。資本受入側を地域で見ると、第 1 位がラテンアメリカの 33％、アジア（主に中国）が 21％、東ヨーロッパが 10％、アフリカが 6％であった（その他は、アメリカ 10％、西ヨーロッパ 8％、カナダ 6％、それ以外 6％）。産業分野では、天然資源が 55％、製造業が 15％、サービス（公益事業を含む）が 30％だった（Jones 2005, p.30-31）。

　それに対し、「国民経済期」（社会主義の統制経済を含む）の特徴は、この期の終わり頃、1993 年の直接投資（累計）によく現れている。投資国では、第 1 位がアメリカの 26％、日本が急浮上して 13％、英国は 12％に減少するなど、投資国の構成に変化が起きている（Jones 2005, p.53）[4]。この時期の最大の特徴は、FDI が主に先進国間（OECD）で行われたことである。産業分野としては、天然資源が 11％に減少し、製造業が 39％に増加したが、それにも増してサービスが 50％と突出した（United Nations 1992, p.62）。明らかに、第 1 次グローバル期と国民経済期とでは、投資国、投資先国・地域、産業分野とも、大きな構造変化が起きていたのである。これは、第 1 次グローバル

5

期には、最大級の資本受入国だったラテンアメリカ諸国や中国・ロシア・東欧諸国が民族主義や社会主義の影響下で外資に門戸を閉ざしたことが大きく影響した。他方、OECD諸国間では、この間、徐々に資本自由化が進んでいった。しかし、本格的なグローバル経済の出現は、社会主義諸国の経済崩壊と市場開放、BRICs（ブラジル、ロシア、インド、中国、南アフリカの略称）の外資受入政策が本格始動する90年代以降を待たなければならなかった。こうして、第2次グローバル期の投資の流れは、OECD諸国からBRICsへ、BRICsの相互投資へと進んでいく。

したがって、第2次グローバル期には、第1期と類似した経済的特長が出現すると予想される。BRICsへのFDIの流れが復活し、市場向けFDIのみならず、資源関係のFDIの増加が見られるだろう。長期的に見れば、BRICsの成長により、資源価格の高騰は避けられない。資源への直接投資は第2次グローバル期の特徴の一つを構成することになるだろう。同時に経済統制や社会主義的な窮民改策から自由になったBRICsの国民は、膨大な消費需要を発生させつつ、19世紀の繁栄を取り戻すだろう。

つまり、1930年から1980年代を支配した「国民経済」中心の世界観は、WTOなどの自由貿易を目指す体制や経済活動の「ボーダレス化」によって終焉し、グローバルな市場経済システムへと統合されていく。その結果、現象的には19世紀的な「自由貿易主義」、アングロ・サクソン型の市場経済のルールが世界を支配しつつあると言える（c.f. Polanyi 1957）。1990年代の日本を含む東アジアの政治・経済・社会・法律の大変革は、アングロ・サクソン型体制へのグローバルな収斂と見ることができるだろう（堀中編2001）[5]。

このように、バーノンほかが同定した「多国籍企業」とは、国民経済が支配的であった時代に出現した「国籍を持った」企業である（「脅かされる国家主権」という彼の書物の題名が、それを象徴している）。つまり、従来の多国籍企業の理論は、「わが国企業の海外進出」というタイトルに象徴されるように、ナショナリズムを背景とした「企業進出」であった。「多国籍企業」の理論は、企業が国家の支配の下にあるという前提の、「国民経済」時代のスキームに基づいて構築されていた。これから進行していく第2次グロ

ーバル期の特徴はこれとは大きく異なるだろう。それは、19世紀のフリースタンディング・カンパニー（植民地人が起業した現地会社）のような、一種の「脱国籍性」を示すであろう。21世紀に始まった第2次グローバル期に最適な「グローバル企業の理論」とはどのようなものであるのだろうか。

2　第2次グローバリゼーションの推進力

　第1次グローバル化の推進力は、蒸気機関、蒸気船、蒸気機関車、石炭化学、電信、海底ケーブルなどの諸技術だった。20世紀のドライビングフォースは、電機、内燃機関、航空機、石油化学、などであった。21世紀初頭では、コンピュータを始めとする電子機器、デジタル通信・インターネット、航空機、マテリアル・サイエンスなど、コミュニケーションやそれを支える要素技術に関するものが主な推進力である。著者は、これに、製造技術とコミュニケーションの分野で起こった「アーキテクチャ革命」を加えたい。

　21世紀初頭の「グローバル経済」の形成にとって不可欠な条件は、①デザイン・ルール革命、すなわち、モノ造りの「モジュール化」（power of modularity）と、②インターフェイスの世界標準化（global standard）に基づく「オープン・システム」（open system）の普及であった。このアーキテクチャ革命は、垂直統合型企業（組織）の解体を促し、組織の各機能の標準化とネットワーク化をもたらした。大規模な垂直統合型組織の解体の過程で、無数のビジネスモデルが発生し、ベンチャービジネスが誕生した。1990年代以降のICTの爆発的発展により、「組織内調整」を代替する手段として、19世紀的な「市場を通じた取引」が復活した。「経営者の見える手」（組織）から、「インターネットの見えざる手」（バーチャル市場）へと、パラダイムの大転換が起こった。インターネットを通じた市場取引が、効率性と迅速性の観点から、時間と費用のかかる「組織内調整」を凌駕し、駆逐し始めた。垂直統合型の大企業は次々と解体され、市場型の取引形態が増殖した（Sobel 1999）。特筆すべき点は、モノづくりのアーキテクチャ革命によって製造委託業（EMS：Electronics Manufacturing Service, SPA：Specialty Store Retailer of Private

Label Apparel, OEM/ODM : Original Equipment Manufacturing/Original Design Manufacturing, Foundry, ……) という新業態が出現したことである（安室ほか編、2007）。

　ブランド付き電子機器の大企業は、価格競争力を維持するために、次々と製造委託企業に生産を委ねるようになった。また、「インドのBPO」（business process outsourcing）に代表されるように、知的サービス分野においても、アウトソーシングが急速に普及していった（Ripin and Sayles 1999；小島 2004；Vashistha and Vashistha 2006）。これらの動きが、垂直統合型の多国籍企業を費用の点で比較劣位に追い込み、経営不振を通じて、組織を分散化する方向へと推し進めていった。こうして、「国民経済期」に全盛期を迎えた、垂直統合型の「古典的多国籍企業モデル」は、グローバルなネットワーク型企業に次第に取って代わられた。

3　アーキテクチャ革命とスマイルカーブ

3.1　インテグラル型とモジュール型

　製造のアーキテクチャ（デザイン・ルール）には、おもに2つの流れ（設計思想）がある。第1は、「インテグラル型」、第2が「モジュール型」である（Baldwin & Clark 2000；藤本＆クラーク 2009）。

　第1のインテグラル型は、新製品開発の初期段階でよく採用されるタイプである。インテグラル型では、製品やシステムを構成する各部分（部品）が相互作用するような形で設計が行われる。したがって、一つの部品の設計やスペックの変更（性能・機能・サイズなどの変更）が、それと交互に作用する他の部品の設計変更を余儀なくさせる。こうした設計方法は、軽量・コンパクトなデザイン、省エネ設計、安全性と効率性の両立、など複数の性能目標の同時達成（最適化）を目指すような製品開発には不可欠である。しかし、設計（再設計や調整）には、関係する多くの部分（部品）、設計部門（および関係会社）の参加と頻繁なる設計変更（図面の書き直しやスペックの見直し）が必要になり、コストと調整に時間がかかる。しかも、部品点数が増加

するほど、製品やシステムの安定性が損なわれ、システムの不安定化や不確実性が増す可能性がある。このため、製品やシステムの信頼性が損なわれるリスクを内在させやすい。製品やシステムの複雑化とともに故障原因の究明がますます困難になる。

　こうした不安定性の除去や故障のすばやい修復などを目的として、「モジュール化」が図られる。モジュール化は、部品同士の相互作用の強さ（結びつき）に基づいて、関連しあう部品を機能グループとして括り、一つの機能部品の塊（コンポーネント）として切り出す方法である。どの部品の組合せを括りだすことが最も効率的であるかは、材質や加工方法、部品の種類や性質（耐熱・耐震性などの官能性を含む）により異なり、また経験的な「切り出し」スキルに依存する。通常は「部品点数の削減」や「工数削減」などの手法によって効果的な「括り出し」「切出し」「標準化」が行われる。こうしたスキルは、部品企業が持つ中核能力（コア・コンピタンス）であり、模倣が困難な競争優位の源泉になっていた。つまり、モジュールを「切り出す」まではインテグラルな経験と技能を要するが、一度「切り出される」と、「モジュール」は標準化と大量生産が可能になる。

　モジュール化の利点は、故障した箇所の同定とモジュール交換による修復の迅速化が可能なことである。また、モジュール同士の接続ルール（インターフェイス）と情報交換の様式（プロトコル）を統一化することにより、どの会社製のモジュールとも交換が可能になる。つまり、原理的には、モジュールのスペックとインターフェイスの標準化により、世界のどの企業でも生産に参加が可能になる。これが、「オープン・アーキテクチャ」の基本的考え方である（Baldwin and Clark 2000；藤本 2004、2007；延岡 2006；梶浦 2005）。コンピュータ産業がオープン・アーキテクチャの典型と言える（藤本・武石・青島 2000；国領 1999；田路 2005）。インテグラル型からモジュール型への設計思想の流れは、デザイン・ルールの基本的な発展方向である（Baldwin and Clark 2000；藤本・大隈・渡邊 2008）。

　電子部品業界でこの動きを積極的に推進したのは日本企業であった。1990年代の円高によって、日本の輸出産業は価格競争力を失った。それまで、イ

ンテグラル型の製品開発を行ってきた日本企業の技術者は、すべての部品をゼロベースで開発・設計する方式を信頼していた。自社製以外のまたは系列企業以外の部品を活用するというメンタリティーは少なかった。典型的なNIH（Not Invented Here）症候群であった。円高はそれを許さなかった。調達部門の責任者は、古参の技術者に外国に優れた部品がないか調査に行かせた。その結果、欧米ではソフトを組み込んだ優れたモジュール類が安価に手に入ることが判明した。そうしたモジュールを組み込んだ設計に変更され、価格競争力を回復した。その過程で、部品点数を削減し、工数削減によるコストダウンを図る方法として、モジュール化が急速に進んだのである。これは思わぬ効果をもたらした。製品の組立工程（アッセンブル）において、作業に必要だった熟練の必要性が減少した。それまでは手の込んだ複雑な設計のため（インテグラル型）、部品の組立てには相当のスキルと熟練が必要だった。そのため、熟練工の終身雇用慣行が、競争優位を保つ有力な手段だった。ところが、モジュール型生産では、組立作業が極度に単純化してしまった（赤い線は赤い穴に、黄色い線は黄色い穴に差し込む方式）。このため、非熟練工（臨時工、農民工など）の大幅活用が可能になったのである。

　1990年代には、もう一つの大きな事件があった。IBMの事実上の倒産（1992-3年）である。マイコンの普及とともに大型コンピュータの製造に特化したIBMのビジネスモデルが急激に陳腐化した。着任したCEOのガースナーは、コンピュータ類の製造部門を切り離し、開発とコンサルティングに特化する戦略を選んだ。切り離された製造部門から、ソレクトロンというEMSが誕生した。ソレクトロンは、アメリカの労賃高騰をきらい、製造拠点を台湾に移設した。次に、台湾の賃金高騰によって対岸の中国華南地域に組立工場を移転した。香港や台湾に発生した委託加工工業もまた大挙して華南地域に産業集積を形成し、「委託加工」のビジネスモデルを考案した。こうして、1990年代の中頃以降になると、華南地方を中心に委託加工工場が集積した。EMS、SPAやOEMといった業種が増殖し、中国は「世界の工場」と呼ばれるようになった（安室2003；天野・中川・大木2008）。これらのビジネスモデルはアーキテクチャ革命と低賃金労働によって実現した。

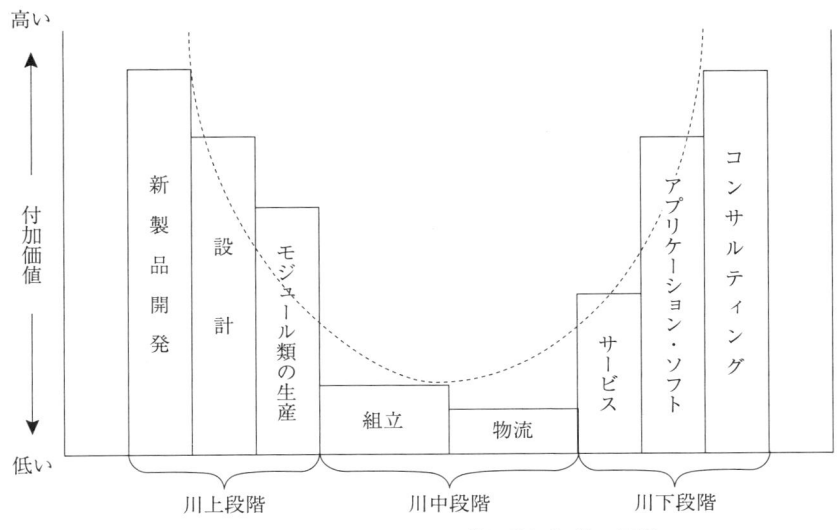

図 1-1　スマイルカーブと付加価値の配分

　こうした製造プロセスの機能的分解（フラグメンテーション）と、グローバルな委託加工工場の増殖は、「スマイルカーブ」と呼ばれる曲線で説明されることが多い（図 1-1 参照）。
　この図に示されるように、上流（upstream）と下流（downstream）は、比較的高いマージン（利益率）が得られるが、川中の組立加工・物流部門は低収益になる。したがって、労賃が高騰してくると、すぐに採算割れが起こり、赤字に転落する[6]。このため、先進国では川中部門の①非正規雇用による賃金カットが行われるか、②低賃金国への製造移管が行われるか、③外部企業への委託加工やアウトソーシングが行われることになる。IBM は、この「中抜き」戦略により、上流と下流部門を本国に残すことができた。その結果、2000 年の IT バブル崩壊にもかかわらず、高収益を保つことができた。他方、垂直統合型を保った日本のコンピュータ・メーカーは、惨敗の憂き目を味わうことになる。その後、日本のマイコンメーカーは、台湾の OEM 業者を利用し、中国に大規模な組み立て工場を建設するなどして、組織の分散化（製造部門の「中抜き化」）を急いだのである。

3.2 製品のモジュール化と組織のモジュール化

製品のモジュール化は、同様の手法によって、「組織のモジュール化」を可能にする。図1-2は、製品のモジュール化と組織のモジュール化の関係を示したものである。

組織の機能を標準化し、職務の関係性を共通の仕組み（OS）上で定義し、仕事の内容を標準化してデジタル表記すれば、「仕事の束」を括りだし、モジュール化することが可能になる。「仕事の束」（仕事モジュール）のインターフェイスを標準化し、共通のシステム（OS）上に記述・定義すれば（例、ERP：Enterprise Resource Planning, SAPのパッケージ等）、どのサービス・プロバイダーにもアウトソースが可能になる。その結果、EMSと同様に、ITO（IT Outsourcing）やBPO（Business Process Outsourcing）という業種が生まれる。つまり、組織のモジュール化によるオフショアリングの成立である。

この図1-2では、製品のモジュール化にあたり、製品の研究開発と設計（デザイン）は、日本で行い、CPUはアメリカのインテル等に委託生産し、マザーボードは台湾企業との共同開発、液晶パネルは韓国のサムスンに委託生産し、最終組立ては中国の華南地域で行い、そこから国際物流会社を通じてダイレクトに顧客に配送する、というビジネスモデルを想定している。こ

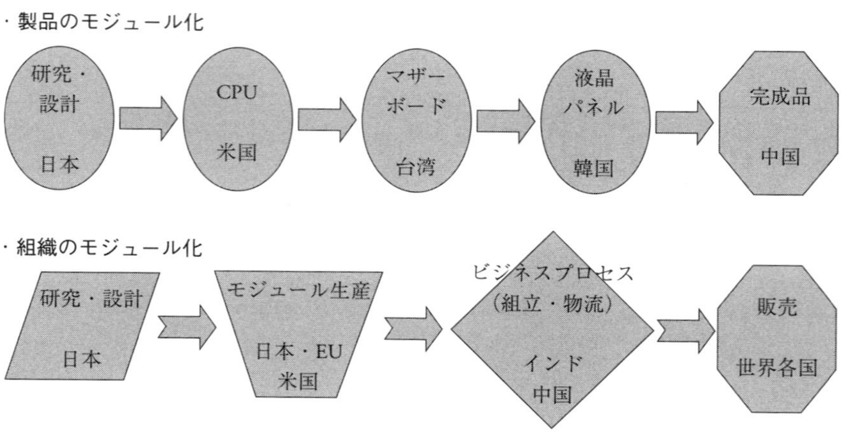

・製品のモジュール化

研究・設計 日本 → CPU 米国 → マザーボード 台湾 → 液晶パネル 韓国 → 完成品 中国

・組織のモジュール化

研究・設計 日本 → モジュール生産 日本・EU 米国 → ビジネスプロセス（組立・物流）インド 中国 → 販売 世界各国

図1-2　製品のモジュール化と組織のモジュール化の関係

の委託加工を通じたグローバルな製造プロセスは、同時に、組織のモジュール化を促進する。研究開発・設計ユニットは日本に置き、主要なモジュールの生産は、アメリカ、EU、日本に配置する。ビジネス・プロセス（組立て／物流）は、インドと中国に立地させ、そこから世界の販社へと供給する（サプライチェーン）。組織の機能を標準化し、共通の OS をベースにシステムを構築（例、ERP）、それぞれの組織ユニットを最適な場所に立地させ、それを繋げば、ネットワーク型（水平分業型）のグローバル組織が形成される。もちろん、一つひとつのユニットは標準化されているので、それを費用対効果の観点から、アウトソースすることも可能である。製品のモジュール化は、組織のモジュール化・オープン化をもたらす（Ripin and Sayles 1999；夏目 2002）。その結果、「所有による支配」という古典的多国籍企業のパラダイムに属さない新しい仕組みが生まれる。それは、サプライチェーンと技術の相互依存という関係性を中心とした、複雑な分業的ネットワークである。こうして、組織の分散と統合は、立地選択とネットワークという次元を加えることになる。

3.3　インドの ICT アウトソーサーと「ワールド・イズ・フラット」現象

インドや中国で ITO や BPO が急増したきっかけは、2000 年のアメリカにおける IT バブルの崩壊である（Friedman 2005）。それまで、サンタクララのシリコンバレー周辺で働いていたインド人や中国人の IT エンジニアは、バブル崩壊で仕事を失った。彼らは、ワークビザの期限切れとともに本国に帰還させられた（同時多発テロの影響でビザの更新ができなかった）。致し方なく、本国で、貯金を叩いて小さな IT ベンチャーを立ち上げた。その後、アメリカ経済の回復にともない、IT エンジニアの雇用が回復した。その結果、「インド人のシン君はどこにいった、中国人のチャンさんは？」と呼び戻しが始まった。ところが、彼らが帰国して小さな IT ベンチャーを起業していると知ると、アメリカの IT 企業は彼らに仕事を発注することにした。その方が、はるかにローコストで仕事を委託できたからである。幸いなことに、IT バブルにより光回線（情報ハイウェイ）が張り巡らされた。IT バブ

ル崩壊後、光ケーブル企業の倒産を経て設備が償却され、通信費が著しく低下した。インターネットの普及にともない、インドや中国からのファイル送付のコストはほぼゼロになった。こうして、標準化とデジタル化が可能なあらゆる情報がパッケージ化され、モジュール化され、アウトソースの対象になった（小島 2004；伊田 2002；Vashistha and Vashistha 2006；ジェトロ 2008）。T. フリードマン（2005）は情報技術によって世界が均質化する方向を「ワールド・イズ・フラット」現象と呼んだ。

　インドや中国でできる仕事の国際価格は著しく低下した。中国の工業製品の輸出は、日本の消費者物価（CPI）を 10 年間も下落させ、デフレ経済をもたらした。インドの IT 産業は、アメリカや英国（英語民族）の IT エンジニアの賃金を下落させただけでなく、失業を避けがたくした。つまり、標準化が可能な仕事、デジタル表記可能な職務は、情報技術を通じて瞬く間に低賃金国に移転していった。

　しかし、インドの ITO は、世界中に普遍的に普及したわけではない。インドの ITO のサービス先はアメリカが 66.5%、英国が 15.3% であり、両国をあわせると 4 分の 3 にあたる。他方、英語圏以外の国々、たとえば、日本は 1.5%、ドイツ 2.4%、オランダ 2%、その他欧州が 7.8% であり、非英語国では圧倒的に少ない（ジェトロ 2008、p.9）。これはインドが英国の植民地であったことが大きく作用しており、「インドの逆襲」と言われるゆえんである。

　このように、情報コミュニケーション技術（ICT）の発展は、世界全体が均質的にグローバル化するのではなく、歴史、言語、文化、労働人口、労賃、産業集積、大学などの高等教育機関の存在、IT 技術者の供給能力など、様々な地域特性によって、複雑な斑模様を描くことが次第に明らかになってきた。世界はフラットではなく、かなり「でこぼこ」（spiky）した場所であることがわかってきた（Ghemawat 2007）。フラットな平原ではなく、山あり谷ありの起伏に富んだ複雑な地形が、新しいビジネスの地平として広がってきたのである。

4　グローバル企業のロジックと比較優位

　このように、現実として、組織のモジュール化の最大の受益者はインドのIT産業だった。NASSCOMは、2006年の世界のオフショアリング規模を407億ドル程度と試算し、その58％（236億ドル）がインドに向かっているとしている（ジェトロ 2008、p.4）。インドのITサービス輸出は、2006年段階ですでに282億ドルに増大しており、毎年30％の成長を示している。インドの5大ITOのTCS、Infosys、Wipro、Satyam、HCLは、すでに従業員数5万人規模を超えている。グローバル企業もインドに研究センターを置くようになった。400社以上がインドにITセンターを置き、インドのITサービス輸出の30％以上を担っている。マイクロソフト（MS）は、インドに6つのR＆Dセンターを持っている。ハイデラバードの開発センターは1,000人以上のITエンジニアを雇用し、レッドモンド（本社のあるワシントン州）の研究開発センターと回線で結び、最先端のソフト開発に従事している。現在、インドのITOは、優秀な人材の不足に直面している。人材開発センターを、中国、ロシア、中欧、ラテンアメリカ（メキシコ、アルゼンチン等）に展開し、グローバル化を進めている（BusinessWeek. com 2008）。

　世界が均質化し続けるという前提に立てば、トーマス・フリードマンの予言から逃れることは困難であろう。国際通信コストの障壁が消滅したことが最大の原因である。衛星中継や光ファイバー、インターネットの普及によって、国際通信費が劇的に低下し続ける。いかなる情報や知識、文字だけでなく映像も、デジタル化が可能（著作権や知財権で保護されている場合は制約がある、暗黙知の場合はデジタル化それ自体が困難）であれば、パッケージ化（あるいはモジュール化）され、簡単に転送される。この結果、先進国のIT関連のエンジニアの賃金が下落し、あるいは仕事そのものが失われた。次第にその範囲は拡大し、コールセンターはもとより、バンキング、会計、医療サービスまで、高度な専門職と考えられていた職業までもが、インドや中国へ下請けに出されるようになった。

しかし、その結果、豊かになったBRICs諸国は、はたして西欧の消費文化からみて「均質化」した市場を生み出すのだろうか。インドや中国の台頭は、新しく「でこぼこした」世界が生まれることを意味する。それは、西欧文化がフラットに拡大し、均質的な消費市場が生まれることとは少し違った世界を意味する。

　これから（相対的に）豊かになったBRICsや新興市場国で賃金水準が向上し、それにともない消費が増大すれば、発展途上地域で爆発的に消費が急拡大した、19世紀末の第1次グローバル期と同じような状況がもたらされるかもしれない。少なくとも、少子高齢化が進む日本やEU、金融恐慌で消費が縮小していく米国では、当分の間、経済の成長は望めないだろう。BRICsと新興市場国の経済成長が、グローバル経済の推進力になるだろう。

　「でこぼこした」グローバル市場の動向を説明する概念は、基本的に貿易理論と共通する。アダム・スミス以来の「分業」（division of labor）とデヴィッド・リカードの「比較生産費」（比較優位：comparative advantage）である。ITOやBPOの出現は、既存の貿易理論で十分説明できる現象である。その卑近な例として、サミュエルソンの逸話を挙げてみたい。

　サミュエルソンが国際貿易の理論（比較生産費）を理解できなかった学生に、次のような説明をしたという。「私（サミュエルソン教授）は、タイプライティングが得意で、早くて正確に打つことができる。だが、私より技量の劣る秘書を雇っている。なぜだろうか。それは、時間を節約して、本来私がすべき仕事に集中するためだ。」[7]。インド人の秘書が隣の部屋にではなく、インドのコールセンターにいたとすれば、これは立派なBPOである。つまり、標準化されパッケージ化された「仕事の束」（仕事モジュール）は、容易にアウトソース（外注）できる。この場合、サービス輸出の原理は、物財の貿易（トレード）と基本的に変わりがない。つまり、今日では「仕事の束」（業務組織）は貿易財なのである。

　21世紀のグローバル企業の行動は（「最初の直接海外投資」（"initial investment" がなぜ起きたかを説明する理論ではなく、すでに多国籍展開が終わった企業の世界市場をベースとした行動原理）、国際貿易の理論と同じ枠

組み、すなわち「分業」と「比較優位」という基本概念で、説明できるかもしれない。

5　搾取労働の復活：グローバル経済の下での労働組合の弱体化

　企業の付加価値プロセスが水平的に国際分業されていく世界（あるいは垂直統合型企業が解体される過程）では、旧体制の破壊と再秩序化が進行する（関下 2004）。長期安定雇用や垂直的な昇進経路が破壊され、雇用の流動化（解雇と再雇用）が加速化される。知識とスキルの陳腐化や廃棄が急速に進むので、人材は消耗品になる危険がある。陳腐化が進むと、仕事は BRICs に移転される。標準化された仕事（派遣労働者が担当可能な業務）の国際価格は低下し、先進国内部でも所得の格差が拡大する。先進国では、インド、中国、ベトナムの低賃金労働者に対抗するために、雇用の非正規化によるコストダウンが行われる。正社員は解雇され、非正規（パート、派遣、下請けなど）として再雇用される。BRICs でも同様の事態が進行するが、状況はさらに厳しいものになる。EMS や SPA のような委託加工モデルの増殖にともない、非熟練の農民工が大量に雇用される。彼らには、製造のノウハウやスキルは求められず、教育訓練も与えられない。したがって、よりよい雇用機会に就くこともできない。しかも、衣料品や電子機器製品のようなコモディティー（標準品）は、毎年 10 〜 20％の割合で価格が下落する。そのうえ、中国やインドのように、経済の成長とともに自国通貨の切り上げが起こり、輸出が困難になる。他方、国内における過剰流動性により、物価は上昇し続け、労働者の生活を圧迫する。通貨の切り上げによって輸出が困難になると、労働力強化（実質的な賃金カット）が、様々な陰湿な苛めや差別とともに、横行する。労働環境はますます劣悪化し、違法な残業や社会保障費用の未払いが発生する。当然、労働者を保護する立場にある労働組合がバーゲニング・パワーを発揮しなければならないが、すでに弱体化した労組にはそれが困難である。弱体化の理由は、垂直統合型企業の解体により、労働組合の権力基盤が崩壊したこと。とくに、日本的経営の三種の神器と言われた「終身雇

用」「年功序列」の解体とともに、「企業内組合」も弱体化の運命にあることが指摘できる。同様なことが、中国やインドの国有企業でも発生している（安室 2003）[8]。経済的格差の拡大は 19 世紀と同様、グローバル経済の帰結でもある。

　「国民経済時代」の雇用システムの解体により、非正規雇用が拡大し、職場における雇用形態が多様化した。この結果、正規雇用を前提とした組合員の数が減少した。それにもかかわらず、正社員のみを対象とした伝統的労働組合の枠組みだけが残り、「働く者（正規・非正規）の権利を守る」労働組合の使命が果たせなくなる。企業内労働組合は職場の労働者（とくに非正規）の信頼を失った。これと全く同じことが、正社員を対象とする中国の工会（官制の労働組織）でも発生した。中国の工場現場で働くブルーカラーのほとんどが、臨時工や派遣労働者であり、彼らは工会のメンバーではなかった（古沢 2006；安室 2005）。ここに中国では違法なストライキが発生する温床がある。これは中国だけでなく、グローバル経済の荒波に揉まれているすべての国の共通課題・リスク（山猫ストや失業した若者の暴動）と、認識しなければならない。

　知識経済の進展とともに、世界的規模で、知識やスキルを基盤にした専門職が重要になり、ブルーカラーを対象とした労働組合の無機能化が進行する。スペシャリストは、企業に忠誠心を感ずるよりも、自らの職業に愛着と忠誠を感じる。組織における処遇に不満があれば、簡単に他の会社に転職する。転職が困難（転職が地位や処遇の低下を意味する場合はとくに）で、終身雇用慣行で保護された（セニョリティー特権）従業員が労働組合に苦情と調停を依頼する。スペシャリスト（専門職）の地位は、労働組合ではなく、専門職業団体（公認会計士協会や医師会など）が保障している。彼らに企業内組合に対する忠誠心は少ない。

　IT の普及にともない、ほとんどのシステムがノンストップの 24 時間営業になった。通信、ライフライン、運輸、銀行、医療システムは停止ができない。システムのロックアウト（ストライキ）は、社会機能の危機的状況をもたらす。したがって、サービス職種を中心に、事実上、ストライキが不可能

になった。このため、ストライキを戦術上の武器にしてきた労働組合の交渉力が激減した。知識産業分野では、労働組合そのものが成立しない。

　第2次グローバル期は、社会主義体制の崩壊と開放経済体制への移行から始まった。その結果国民経済が支配的だった時の政治権力集団である社会主義政党が弱体化ないし解体した。社会主義政党の衰退が、労働組合の権力基盤をさらに侵食した。この結果、労働者の権利を守る勢力として、国家の官僚機構（とりわけ労働関係の省庁）が台頭してきた。彼らは、団体交渉ではなく、法による干渉・介入・行政指導・罰金などを武器に経営に直接介入する。これは、搾取が最もひどい中国において、「労働保障監察条例」、「労働契約法」の施行として、すでに実現している（安室 2005）。日本でも、労働者保護の立場から、国が「労働契約法」の導入を意図している。国家の官僚機構が労働組合の後ろ盾にならなければ、労働者の権利を保障できない時代になったのである。

　第2次グローバル期は、市場の論理が貫徹し、労働者が搾取される状況が一層厳しくなる。その意味で、19世紀の搾取労働の復活が見られる。労働組合が抑止力を発揮できないのなら、それに替わる手段として、国家（官僚機構）が法的な立場から、取締りを強化する以外にない。労働管理における政府の役割が大きくなるだけでなく、実務的には、地方自治体の監視と介入の権限が強化される方向に進むだろう。企業と市場、企業と国家・地方自治体の相互依存と対立が、ますます複雑な様相を呈して進展することになる。その意味で、企業の存立する場所と「国家」、「地域」、「地区」の産業集積、生活場所としての「都市」や「町」との新しい結びつきの模索が、グローバル経営の重要課題になるだろう。世界は確実に「でこぼこした」状況になっていく。

むすび　グローバル化と「場所」の持つ意味

　いままでの多国籍企業の理論は、国内企業がなぜ海外生産に移行するのか（国際生産の理論：Dunning 1988）を説明するものであった。生前にダニング

教授が常々言っていたことだが、「折衷理論（Eclectic Paradigm）」はグローバル企業の理論ではなく、あくまでも「国際生産の理論」である。つまり、従来の理論は、グローバル企業（すでに多国籍的展開を成し遂げ、最適資源配分の観点から経営意思決定する企業）の行動を説明するものではなかった。これから必要とされる理論的研究課題は、水平的に機能分化したネットワーク型組織のグローバルな最適行動に関するものである。しかも対象とする企業の業種は製造業であるよりも、サービス（知識サービス、コンテンツ、エンターテイメント、ツーリズムなど様々）が主体である。製造業を主体にした理論（例、ダニングのOLIなど）では、21世紀のリーディングインダストリーである知識サービス産業の行動はうまく説明できない。むしろ、19世紀的な貿易理論の方が有効な説明概念と言えるのではないか。われわれは、製造業の多国籍企業の理論（古典的理論）を乗り越えて、新しい理論を展開しなければならない。その際、経済格差を含む労働問題・貧困問題は避けて通れない課題である。

　「労働」ないし「人が生み出す付加価値」という視点を理論に加えると、「人が働く場所」としての組織の立地選択を深く考察せざるを得ない。古典的多国籍企業の理論では、企業の立地場所（本国本社および海外の子会社を含め）は、抽象的な「国」でしかなかった。バーノンは、多国籍企業を定義するに当たり、海外の製造拠点数をカウントし、それが4カ国ないし6カ国であることを多国籍企業の条件とした。どの国のどの都市ないし地域にどんな目的で子会社を設立したのかは考察の対象外だった。立地優位（L）を唱えたダニングにおいてさえ、立地場所は経済学的な条件（輸送費とか労賃など）に過ぎなかった。古典的多国籍企業論では、「場所」は重要ではなかったのである。

　ところが、インターネットが普及し、ICT革命が普及した結果、多国籍企業の組織の分散と統合が容易になった。海外子会社の立地場所、あるいは営業店の世界各地への展開は、ますます立地特殊的になった。イギリス進出を「1カ国」とカウントしても何も情報的な意味はない。ロンドンのキングズ・ストリートの何番地に立地したかが重要なのである。世界が「でこぼ

こ」してくると、場所は突出した情報価値を持つようになる。

　他方、インターネットの普及により立地の意味がなくなったと主張する人もいる。とくにIT学派は、組織がどんな立地にあろうと、たとえばアフリカの砂漠に立地しても、インターネットで世界に繋がっている限り、効率的にマネジメントできると考えがちである。こうした考えは、IT産業が宣伝目的で、インターネットの初期段階で意図的に流した誤ったイメージである。ネットワークで連結されるほど、各ユニットの立地場所の情報密度（知的集積ないしデンシティー）は「選ばれるための」必須条件である。ICTが発達し、グローバルなネットワークが機能するほど、「場所」の持つ意味は重要性を増している（Florida 2008）。グローバル・ビジネスのアーキテクチャの中で、「場所」をどう位置付けるか、本書ではこの課題を様々な観点から論じてみたい。

　注
（1）　これら垂直統合型の生産システムを擁護する学派は、組織内部に統合化された生産システムの方が、市場を介した取引よりも「効率的」という前提を置いているが、インターネット等のICTの発達による通信費の低下や、取引をめぐる不正（機会主義）防止技術により、必ずしもその前提が成立しなくなったという事実を認識しなければならない（西口 2007；Chesbrough 2006）。
（2）　金本位制の終焉（ペーパーマネーの発行）とともに、貨幣の価値を国家が維持・管理する必要が生まれ、国の為替管理が厳格化する。このため、紙幣の海外持ち出しが厳しく規制（外国為替管理法）されることになり、海外資金移動が制限された。また、第1次大戦からパスポート管理が厳格になり、移民が制限されることになる。つまり、19世紀は、資金や人の移動が今日（21世紀初頭）よりも自由だったのである。
（3）　G. Jones教授は、「ホーム・エコノミー」（home economy）という用語を使っている。「国民経済の時代」というのは筆者のネーミングであり、ジョーンズ教授の趣旨とは若干異なっている。
（4）　それ以外は、ドイツ9％、フランス9％、オランダ7％、その他西ヨーロッパ10％、それ以外14％である。
（5）　2007年8月のサブプライムローンの破綻に端を発するアメリカの金融危機は、グローバル経済の相互依存システムによって、瞬く間に世界の金

融恐慌へと発展した。これは、アングロ・サクソン型の金融ビジネスモデルの崩壊とも受け止められているが、新しいグローバル経済のメカニズムはまだその姿さえ現していない。パラダイム不在の時代がしばらく続くのであろう。これに関しては第7章を参照してほしい。

（6）垂直統合型企業が低収益になる原因は、川上、川下で得られた利益を、川中の低収益の製造（組立て）・物流部門が、相殺してしまう構造だからである。とくにマイコン業界では低収益の組立・加工部門および物流（サプライチェーン）を中国などの低賃金国に切出すか、委託加工（EMS）やサード・パーティーに外注する以外にない。したがって、機能分化したIBMの方が、統合型の日本企業より、選択の自由度が高くなり、低収益を回避することが可能になる。

（7）つまり、秘書のタイプが私よりも上手だから任せたのでもないし、秘書の賃金が安いから雇ったのでもない。また、タイプが上手な秘書と経済学がよくできる私との間の分業でもないことに、注意すべきである。インドのBPO、ITOは、高度なレベルになると、もはや欧米のコストと変わらない料金になっている。この場合は、言うまでもなく「インドが安いから」アウトソースに出したのではない。自社のコアコンピタンスを強化するために、周辺業務を切り離し、アウトソーシングしたのである。レストランチェーンにとって、システムエンジニアリングは周辺業務である。何がコアで、何が非コアかは、業態ないしビジネスモデルで決まる。

（8）新興国での急激な賃金上昇のため、日本企業は海外生産体制の再編に着手している。TDKは中国で省人化投資（HDD駆動装置の磁気ヘッド生産、広東省東莞市の2工場に300億円超の投資）を行い、4万5千人の雇用を3万人に減らす。住友電工は、欧州向けワイヤハーネスの生産を09年に、東欧（14工場）からモロッコへ移転、順次、チュニジア、エジプトにも進出する。東欧では07年に人件費が10-15%上昇、今年もポーランドやルーマニアで20%前後の上昇が予想される。北アフリカは東欧より40-75%労賃が安い（日本経済新聞2008年6月5日朝刊）。

第2章 「内部化理論」の限界有効性

はじめに

　アルフレッド・マーシャル（Marschall 1890）は、規模の経済に関して、次のような疑問を提示した。「少なくとも工業に於いては殆ど総ての個人企業は、経営良好な限り、大きくなればなるほど強固になる傾きがあり、従って我々は、即決的に大工場が多くの産業部門から小競争者を完全に駆逐し去ると期待するかもしれないが、なお事実においてそうならないのは何故によってであるか。」と[1]。このマーシャルの問いかけは、企業の適正規模論へと発展した[2]。いま、同様の疑問を、われわれはコース＝ウィリアムソン（Coase 1937 ; Williamson 1975, 1985, 1986）を始めとする取引費用説（transaction theory）に対して発することができる。「市場の失敗」が組織の生まれる原因であるのなら、なぜ経済活動は唯一つの組織に集約（内部化）されないのか。つまり、組織が取引費用を節約する手段であるなら、なぜ今日でも市場が存在し、個人商店や零細企業が多数存続しているのか。なぜ中小企業は超国家的な組織（多国籍企業）によってすべて垂直的に統合されないのか。こうした疑問を抱けば、取引費用説（ないし「内部化」理論）に関する「限界有効性」を想起せざるを得ない。この章では、まず、この基本的な疑問から出発する。

　われわれは、ここで「組織の適正規模」を論ずる意図はない。そうではなくて、「内部化」理論が、実質的な有効性を持っていたとしても、それには限界があると論じたい。これを多国籍企業論に敷衍して述べると、国境を跨ぐ垂直統合型組織を前提とした多国籍企業の有効性は、ある限られた範囲内でしか成立しない（限界有効性）。この論点に立つと、今日のフラット化し

た世界で、古典的多国籍企業の理論（'classic theory' of MNE）が、なぜ一般妥当性を失ったかが理解できるのである。

1　垂直統合は取引費用を節約するか

　コース＝ウィリアムソンの取引費用説では、市場の不完備（imperfectness）のため、市場を通じた取引には固有のコストがかかると主張する。古典派および新古典派の経済学のパラダイム（市場は完全にスムースでコストがかからない）からすると、これは想定外の発想と言えるが[3]、アメリカの中古車販売の事例などを示されると、なるほどと思わせる説得力がある。彼らは、古典派や新古典派の経済学が想定するような「完全にスムースな市場」は存在が困難で、市場は様々な理由から、期待されたようには機能しないと主張する。「市場の失敗」（取引相手の詐術や機会主義的行動から生ずる損害）という命題こそ、それを補う制度、すなわち組織の誕生を意味する。「市場の失敗」は取引者にとって、予想外の取引費用発生を意味する。この取引費用を節約ないし取り除く手段が、組織の形成というわけである。すなわち市場を通じた取引の組織への「内部化」（取り込み）によって、「市場の失敗」から「取引」を守るのである。このように、コース＝ウィリアムソンでは、「市場は失敗する」という命題が出発点となっている[4]。

　コースの定理を発展させたウィリアムソンには、もう1つの論点があった。それは、垂直統合型組織の擁護である。同一業種内の水平統合は、市場独占の危険がある。したがって、独占禁止法の規制対象になる。それでは、大規模な垂直統合は独占禁止法の対象にならないのか。多業種に跨る垂直統合（産業の川上から川下までの統合、とくに大規模な場合）は、水平統合と同様に、市場独占の危険を孕んでいる。この潜在的危険がある限り、垂直統合も独占禁止法の対象になりうる[5]。この疑問に対して、ウィリアムソンの「取引費用説」は明確な解答を与えている（とくに Williamson 1986）。組織の垂直統合は、市場の失敗から発生する取引費用を節約し、経済を効率化する（経済の厚生を高める）ので、有効である。したがって、垂直統合は独占禁

止法の対象とはならないのである。ウィリアムソンは、取引費用という観点を提示することにより、水平統合は独占（ないしは寡占）の危険があるが、垂直統合はその危険がないだけでなく、経済効率を高めるので「善」であると主張した。この主張こそが、多国籍企業（国を跨る垂直統合の形成）の存在に正当性を与えるものである。

ここで、本質的な疑問を提示しなければならない[6]。取引費用を節約ないし取り除く手段としての組織の形成（管理階層に基づく命令体系：administrative fiat）は費用がかからずに作られるものなのか、である。確かに、市場を通じた取引を組織に内部化すれば、市場の失敗による「取引費用」は削減される。しかし今度は、組織の費用が発生する。つまり、バランスシートの貸方に「費用」を記載したのなら、今度は借方にも「費用」を記帳しなければならない。エネルギー保存の法則ではないが、市場から費用が消えても、組織内では別の費用が発生しているのである[7]。

取引費用学派の1つの特徴は、市場取引を組織に内部化することで、「取引費用」が節約（市場の失敗の排除）されることだけに注目し、組織の形成による「組織の費用」の発生を無視（ないし軽視）することである。このことは、じつは、驚くべきことである。なぜなら、この片務的理論によれば、組織は無限に市場を内部化してしまうことになるからである[8]。

一般に、「管理のコスト」は、「間接費」とか「一般管理費」と呼ばれ、経営学や会計学ではおなじみの観念である。これは、一般的に管理者に支払われる給与その他（組織の調整費用）と考えてよいだろう。市場を通じた取引でも、組織内の結合生産においてでも、直接費（モノ作りにかかる労働コスト）は同額だけ必要である。したがって、このさい「直接費」を除外して考える。すると、費用論の観点からは、取引の内部化とは、「取引費用」が「一般管理費」に姿を変えるプロセスと言えるだろう。経済の効率が高まる（節約される）ためには、「取引費用」≧「一般管理費」でなければならない。この関係を示したのが図2-1である。

ここで成立する一般式は

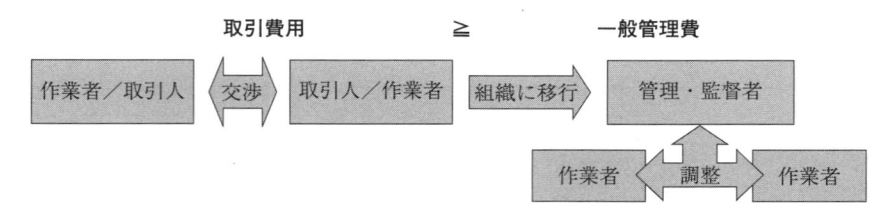

```
           取引費用        ≧         一般管理費
  ┌─────────┐      ┌─────────┐         ┌─────────┐
  │作業者/取引人│ 交渉 │取引人/作業者│ 組織に移行 │ 管理・監督者 │
  └─────────┘      └─────────┘         └─────────┘
                                      ┌────┐ 調整 ┌────┐
                                      │作業者│ ⇔  │作業者│
                                      └────┘     └────┘
```

図2-1　取引費用と一般管理費の代替関係

$$\text{取引費用} \geqq \text{一般管理費} \qquad (1)$$

このとき、市場の取引は組織に「内部化」される。それ以外の条件下では、組織は経済的に非効率な手段となる。しかし、大規模な垂直統合は業界の支配を通じて、何がしかの超過利潤を生むだろう。寡占による効果が加わる（超過利潤）とすれば、(1) 式は次のように修正される。

$$\text{取引費用} \geqq \text{一般管理費} + \text{垂直統合による超過利潤} \qquad (2)$$

多国籍企業論の創始者であるハイマー（Hymar 1970, 1976）は、内部化理論の創始者とも言われるが、彼は多国籍企業を独占として批判したラジカルエコノミスト（国有化を正当としたアメリカのマルクス主義者）である。ハイマーは、多国籍企業を水平統合（Ｍ＆Ａによる海外の同業者の統合）による独占形成として捉えたので、独占批判を強めた。その点が、「取引費用説」による多国籍企業の正当化と異なる点である。(2) では、垂直統合による寡占形成にも、組織内に超過利潤が発生すると考えた。ただし、国境を越えた大規模な垂直統合（多国籍企業）が「独占」であるか否かは、まだ論争に決着がついていない[9]。以上の限定を置くと、多国籍企業論の観点からは、次の (3) 式が成り立つ。

$$\text{取引費用} - \text{垂直統合による超過利潤} \geqq \text{一般管理費} \qquad (3)$$

理論的には、この条件が満たされると、垂直統合型組織が形成される。この (3) 式を見てわかるように、垂直統合による超過利潤が少しでも想定さ

れる場合は、「市場の失敗」を垂直統合の理由として説明することは難しくなる(10)。つまり、「市場の失敗」は、「一般管理費」(経営管理者に支払われる巨額の報酬を含む)を正当化するほど、大きいのかという疑問が出てくる。つまり、ことの道理として、内部化理論の提唱者は、市場の失敗を過大(overrated)に、組織の費用(一般管理費)を過小(underrated)に評価する傾向にある。これを先ほどのバランスシートの例で言うならば、取引費用の数字を大きく、一般管理費を小さく記入したことになる。じつは、取引費用論者が軽視した「垂直統合の超過利潤」の中に、これから述べる「組織の失敗」の種が隠されている。この「組織の失敗」を正当に評価し、双方の費用を「過大」でもなく、「過小」でもない、適切な数字で評価することが、あるべき理論の姿と言えるのである。

　以上の論述から、冒頭に上げた疑問、「なぜ市場は唯一の組織に代替されてしまわないのか」に答えることができる。(3) 式を検討すれば、「市場の失敗」のために市場が際限なく組織に代替されることも、垂直統合型組織が無限に拡大して、あらゆる市場取引を飲み込むことも、起こり得ないことがわかる。ましてや、昨今の企業犯罪(不正経理や賞味期限の改竄などの軽微なものから、エンロン事件のような大規模なものまで)を見れば、「組織の失敗」による社会的被害は「市場の失敗」を上回ると言わざるを得ない状況にある。次に、「組織の失敗」について考察することにしよう。

2　「市場の失敗」と「組織の失敗」：どちらが深刻か

　今までの議論で明らかなことは、内部化理論を唱える研究者は「市場の失敗」を「過大に評価」(overrated)する、ということである。常識的に考えると、「市場の失敗」よりも、「組織の失敗」の方が、社会に深刻な打撃を与える。今日の「企業の内部統制」の目的も、もとを正せば「企業犯罪」の防止にある。もちろん、内部統制の費用も「組織の費用」の一部をなす。内部統制の趣旨は、「市場の目」(衆人環視の監視体制)を企業の内部まで届かせ、意思決定プロセスに含まれる不正や権力の濫用を防止する仕組みと言え

る[11]。このパラダイムでは、ウィリアムソンとは逆に、市場は組織よりも公明・公正と考えられている。

　市場での取引は衆人環視の下で行われる。バビロニアの時代から、取引契約は公証人の下で厳格に管理されてきた。契約通りに履行されたか否かは、第三者（公証人、市場の管理人、役所の官吏、同業者、顧客など）によりチェックされた。とくに、企業や公的機関との取引は、過去の実績のチェック（信用）とともに、職務が契約通り履行されたかどうか、決められた手続きによって厳密に検査される。取引の継続を望む業者は、取引履行の失敗による信用失墜を極度に恐れる。彼らは、契約相手が満足しなければ、次の契約はとれないことを熟知しているからである。

　つまり、1回限りで終わらない、継続的な商取引の場合、取引者が詐術や機会主義的行動をとるチャンスは著しく制約される。とくに、生産財市場における取引（例：部品業者とアッセンブル会社との継続的取引）では、計画的生産によるルーチン化で、当事者間の交渉は取り除かれている。つまり、われわれが「市場」と呼んでいる商取引の場は、元来が同業者や顧客からなるネットワークであり、詐術や機会主義的行動が入り込む余地が少なくなるようにデザイン（コミュニティー化）されている。コミュニティーは、その本来の機能として、社会生活を通じて信用を維持し、詐術や機会主義（通常はよそ者が持ち込む）を排除する。グラノベッター（Granovetter 1985）は、市場取引に内在する人間関係のネットワークを「埋め込み」（embeddedness）として概念化している。この取引に「埋め込まれた」人間関係の絆は、しばしば「商業道徳」と呼ばれている。

　商業道徳が健在な社会では、めったなことでは詐術や機会主義的な行動をとるビジネスマンはいない。人々が同業の「株仲間」や顔見知りの「土地の人間」である限り、取引費用はゼロに等しい（コトバの約束だけで、契約書は不要）。取引は市場を通じて行われ、組織（管理の階層）に内部化される必要はない。したがって、「市場の失敗」が起こるのは、商業道徳が失われ、人間同士が信頼できないような状況、つまり「社会」（コミュニティー）が崩壊した状態でなければならない。この状況こそ、トーマス・ホッブズが描

いた「リバイアサン」的状況であり、「原始状態」にほかならない。言うまでもなく、このホッブズ主義の伝統（功利主義）が、古典派を含む経済学の原点であった（Granovetter 1985 ; Sandel 2009）。

　こう考えると、コース＝ウィリアムソンを中心とした取引費用説、それをベースにした「内部化」理論が、市場を詐術や機会主義的行動が渦巻く「人間不信の場」と考える理由がわかる。つまり、「市場」が、バラバラに原子化したヒトの集合ということの意味は、人間どうしの絆や信頼が崩壊した状態にほかならないのである[12]。

　このように、「市場の失敗」の根拠は、経済学が市場を「利己主義者による駆け引きの場」と想定したことが起源と言えよう。経済学の描く市場では、「商業道徳」は死滅していて、商取引は絶えず詐術の危険に晒されている。市場で「騙されない」ためには、コストをかけて自己を防衛しなければならない。はたして、それは事実であろうか。事実である場合も、そうでない場合も、存在するであろう。しかし、市場取引は「見える」ため、悪事に走るビジネスマンは長くビジネスを続けることはできないだろう。

　われわれが「経験的に知っている」市場とは、グラノベッター（Granovetter 1985）の言う、社会生活の中の人間どうしの営みであろう。その場合、取引費用はたいして大きくはない。さらには、社会生活が同じ文化を基盤にする人々の場合、あるいは血縁や宗教などを共有するコミュニティーの構成員の場合、取引費用は限りなくゼロに近づくだろう[13]。コミュニティーからの追放（村八分）は社会生活を危険にするからである。つまり、市場が社会生括に裏打ちされていれば、「市場の失敗」は防がれ、取引を組織に内部化する動機（経済合理性）が減少すると考えられる[14]。

　他方、「組織犯罪」は、規模も被害の額もはるかに大きい。市場取引を組織に内部化することによって、「見える」取引は、「見えない」内部のルーチン業務に転化する[15]。組織が不正を行っているかどうかは、外部からは「見えない」。組織犯罪が検挙され、犯罪として訴訟の対象になっても、経営者の犯罪性を立証することはたいへん難しい[16]。ましてや、企業ぐるみの犯罪（確信犯）の場合、その発生を防止する手立ては限られるだろう。この

ように、「市場の失敗」を重視するなら、それと同等の関心を「組織の失敗」に払わなければならない。市場と組織のバランスシートに、「企業犯罪」による「組織の失敗」という社会的費用を記入するのなら、「内部化理論」の効用は、さらに小さくなるだろう。

3 市場の確実性と不確実性の谷間

　市場は質量を持たないフレキシブルな個々人の集合、組織は質量（固定費）を持った「重たい」存在であるので、両者は不確実性に対するリスク耐久力に大きな違いがある。概念的には、（1）確実性が高い取引では市場が有利になる。（2）中程度の不確実性に対しては組織が有利になる。（3）不確実性の程度が高い時、市場が有利になると考えられる[17]。
　（1）の場合は、取引費用がかからないので、組織を形成する意味がない。（2）の場合は、取引を内部化することで、管理組織の調整能力を働かせ、不確実性を統御できる（中程度の不確実性）。（3）の場合は、環境が変化しやすく、予測が不可能な場合は、1回ごとに更新が可能な契約関係がリスク回避の上から望ましい。したがって、市場の不確実性か小さい（確実性が高い）取引を組織に内部化するとコストが高くなり、環境が不確実（不確実性が高い）な状況で取引を内部化すると、組織のコストは高くなる。内部化が有効なのは、組織の費用曲線が、組織の有効曲線（凸型）より下の部分にある範囲である。図2-2は、この関係を示している[18]。
　問題は、「市場の失敗」にかかわる（1）と（3）の条件性である。（1）の条件、つまり、市場が確実であるほど、組織の有効性は低い（組織の費用は市場の費用よりも高くなる）。この場合、2つのケースが考えられる。1つは、市場における信頼を意図的に破壊することで、市場の不確実性を高め、組織の有効範囲を拡張する「内部化戦略」。もう1つは、市場取引を社会関係の中に「埋め込む」ことで市場を安定化させ、組織の有効範囲を狭める「外部化戦略」である。内部化戦略は、「市場の失敗」を招くために、多くの弁護士と組織内での職務の肥大化による雇用増加をもたらす。つまり、

第2章 「内部化理論」の限界有効性

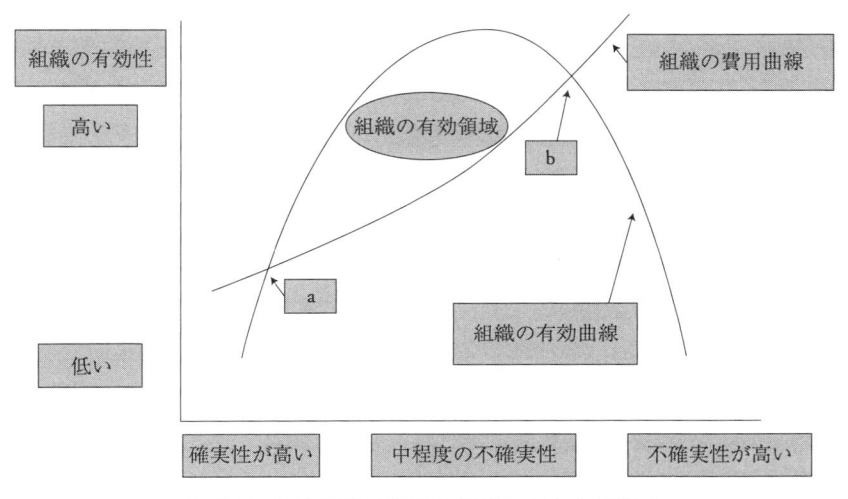

図2-2　不確実性の程度と組織の成立する範囲

（図中ラベル：組織の有効性／高い／低い／組織の有効領域／組織の費用曲線／組織の有効曲線／a／b／確実性が高い／中程度の不確実性／不確実性が高い）

取引費用だけでなく、組織の費用も増大する。外部化戦略は商業道徳を浸透させ、市場の失敗を防ぐとともに、組織の肥大化を回避して、経済の効率化を志向する。つまり、極端な言い方をすれば、外部化戦略と内部化戦略の違いは、商業道徳を経済財として活用（取引費用節減の手段）するか、社会の絆（共同体）を解体して公式組織に代替させるかの違いといえよう。強いて言うなら、前者が日本的なアプローチ、後者がアメリカ的なアプローチと言うことができる。

　他方、(3)の不確実性が高い場合、組織化は固定費を増大させ、リスクに晒される資産（エクスポージャー）を大きくする。

　図2-3は①市場における確実性と、②市場の不確実性がともに高くなるという条件下で起こる、組織の有効領域の縮小について示したものである。①は、「確実性」の領域が拡大することによって、組織の有効曲線が圧迫されると同時に組織の費用曲線が上に押し上げられ、組織の有効領域が縮小している（図2-2のa点→図2-3のa'点への移動）。②は、「不確実性」の領域が拡大して、組織の有効曲線を圧迫すると同時に組織の費用曲線を上に押し上げ、組織の有効領域が縮小することを示している（図2-2のb点→図2

31

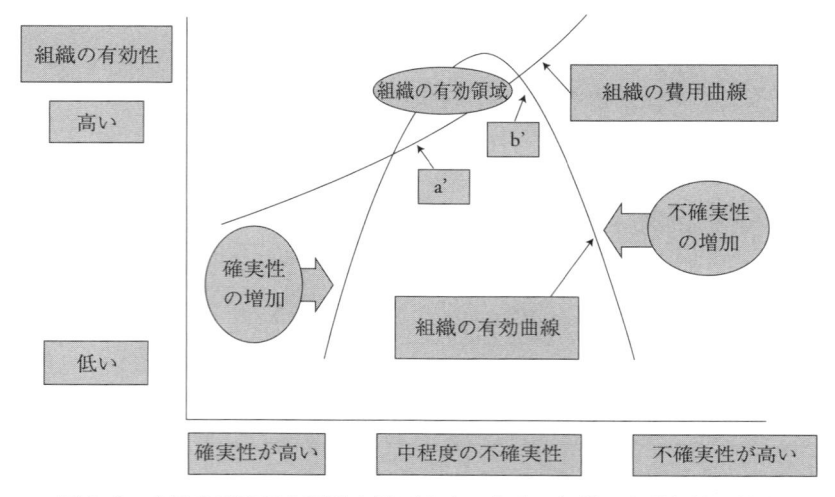

図 2-3　市場の確実性と不確実性が高まった時の組織の有効領域の縮小

-3 の b' 点への移動)。この結果、組織の有効性の領域 a 〜 b は、領域 a' 〜 b' へと縮小する。つまり、市場の確実性の高まりと、市場の不確実性の高まりの双方の力が働く場合、「内部化」が効果を持つ領域が縮小する。

むすび　新しい理論に必要な視角

それでは、(1) なぜ市場の確実性領域が拡大するのか。(2) なぜ市場の不確実性領域が拡大するのか、について簡単に言及しておこう。

(1) に大きく関わっているのが、情報技術（IT）とくにインターネットの発達である。前章で述べたように、インターネットの Web2.0 と総称されるバーチャル・コミュニティーの形成（Surowiecki 2004）などが考えられる[19]。仮想空間の中に「信頼関係に基づく」取引のコミュニティーが形成されれば、取引費用はゼロに近づくだろう。現実は、まだ取引費用はゼロにはなっていない（ネットワーク上の機密保持や詐欺が排除できていない。それを防止するための技術への投資や信用保証、システムの維持管理が「ネット取引の費用」を構成する）が、他方で、完全市場に近いスムースさでバーチャルな国

際商取引市場が機能している例（航空券の取引市場、デルのコンピュータ販売など）も多く見られる。

　他方、不確実性の増加に関して言えば、遺伝子工学などの新技術の研究開発や大規模なソフトウエア開発は、単独の企業では手に負えないスケールと金額に膨れ上がっている。こうした活動を1社で行うことはリスク負担の上からも困難であり、戦略的提携やコラボレーションの機会が増えている。これらは、市場と組織の中間形態というよりも、市場の新しい姿と考えるべきであろう（長谷川 1998）。

　(2) に関しては、新技術製品の立ち上げは、デファクト標準のような1社独占はもはや困難であり、それに代わる「コンセンサス標準」が一般的となった（梶浦 2007；新宅・江藤 2008）。この場合、研究開発から製品の生産と販売を、すべて内製化した垂直統合型企業は大きなリスクを抱えることになる。これは前章で述べた「スマイル・カーブ」問題である。利潤最大化の条件の下では、垂直統合的な生産システムは、付加価値率に沿って国際工程分業へと発展する（原田・古賀 2001, p.33；安室 2003, p.73；関下・中川 2004, p.3-41；天野 2005）。このように、垂直統合型組織の解体は、一方で市場の確実性領域が拡大したこと。他方で、環境の不確実性領域が拡大し、固定費の大きな組織がリスクに晒される危険が高まったことが原因と考えられる。

　以上、述べたように、時代の趨勢とともに内部化理論の有効性は狭まっている。この事実認識に基づいて、多国籍企業の新しいパラダイムを開拓すべきであろう（諸上・藤沢・嶋 2007）。内部化理論の「限界有効性」の考察は、今まで気づかなかったような重要課題の発見に、われわれを導くことだろう。

　　謝辞：本研究は、平成20年度科学研究費補助金（萌芽研究：研究代表者・安室憲一）、研究課題：「制度設計の失敗による誤ったインセンティブ─なぜ経営者は法律の目的を読み違えるのか」（課題番号：19653033）に基づいている。原稿段階で伊田昌弘氏（阪南大学教授）、藤沢武史氏（関西学院大学教授）、山口隆英氏（兵庫県立大学教授）に目を通していただき貴重なご意見を頂戴した。記して感謝としたい。

注

（ 1 ） Marshall（1890：邦訳、第 2 分冊、24 頁）。マーシャルは生物学のアナロジーを経済学に持ち込んだと言われるが、そのモデルはダーウィンの進化論よりも、スペンサー（Herbert Spencer）の「弱肉強食」の考え方であったと言われている（Hodgson 1993a, p.99-101）。この問題性は、あとで「市場の概念」とともに論ずることにしたい。

（ 2 ） 佐竹（2008）第 3 章「中小企業の存立と適正規模」、p.79-93 参照。

（ 3 ） これは、筆者が初めて（今から 30 年以上も前）、ウィリアムソンの『市場と企業組織』（原著）を読んだ時の印象である。当時、筆者は組織論を学んでいた（典型的なバーナード主義者、つまり共同体信奉者だった）ので、ウィリアムソンの考え方の中には、その用語の難解さと同時に、人間に対する根深い不信感があることを知り、驚愕した思い出がある。とくに彼が、市場を詐術と機会主義に満ちた経済闘争の場と捉えることに、正直言って納得できなかった。これは今日も同様である。そののち古典派および新古典派の経済学を読み返し、この考え方の根源がホッブズ流の市場観、「市場」をバラバラの原子のような個人の集まり、「万人の万人による闘い」と見る功利主義の伝統にあることを理解した。功利主義者は「万人の万人による闘い」を、人間が社会を形成する以前の「原始状態」と見るが、文化人類学の観点からすれば、とんでもない誤解である（Lévi-Strauss 1962）。有史以前から人間は社会秩序を形成し、調和のとれた社会関係の中で経済活動を営んできた。これをグラノベッター（Granovetter 1985）は「埋め込み」（embeddedness）概念で表している。経済学における「市場」の概念そのものに「人間不信」が埋め込まれていたのである。その意味で、コース＝ウィリアムソンは経済学の伝統の継承者であった、と言える。

（ 4 ） 厳密に言うと、コース（1937）とウィリアムソン（1975）では、その論点にかなりの違いがあり、通称されるような「コース＝ウィリアムソンの理論」と概括するのには問題がある。注 7 参照。

（ 5 ） ハリウッドの映画産業では反トラスト法によって、制作部門と配給部門が分離されている（垂直統合の解体）。1918 年、ハリウッドを代表する 2 大映画会社の Motion Picture Patents Corporation（MPPC）と General Film Company（GFC）が解体された。それ以降、ハリウッドの映画産業が衰退したと言われているが、にわかには信じがたい（Haupert 2006, p.95）。

（ 6 ） 多くの論者が市場と組織の中間形態に関心を集中させたので、市場取

引の組織内部化は、組織のコストを発生させるという論点を見落としたようである。彼らは、すでにこの世の中には市場と組織が存在すること、垂直統合型組織以外にも多様な中間形態があり、それが有効に機能することを証明したかった。コースの定理から出発すれば、この世には市場しかなく、組織は存在しなかった。市場の失敗を防ぐ手段として、組織が生まれるのである。こう考えれば、取引費用は、組織の費用に形態を変化させただけであることがわかる。組織の費用が取引費用を上回れば、組織は作られないか、市場に解体されるはずである。組織学者の最大の欠点は、組織の費用を研究しなかったことである。組織の費用とは、経営学や会計学ではよく知られた「一般管理費」のことに過ぎない。つまり、コースの定理は、取引費用が一般管理費を上回る場合、組織が問題解決の手段になりうるといっているに過ぎないのであろう。

（7） コース（Coase 1937）は、内部組織自体がコストを発生させることを認識していた。彼は次のように言う。「企業内部で発生する特別の取引を組織化するコストが、それと同じ取引を自由市場での交換手段を利用したときのコストないし、他の企業でそれを組織化したさいのコストと等しくなる」（p.341）まで企業（組織）が拡張すると、市場と企業の間のバランスは崩れる、としている（Williamson 1986, 邦訳, p.171）。したがって、ウィリアムソン自身もこの点を認識していたが、バランスが崩れた後にどうなるかは、あまり関心を持たなかったようである。むしろ、この認識の違いが、コースとウィリアムソンの相通点ではないかと考える。

（8） その極端な例が、ソヴィエト連邦の「社会主義計画経済」だった。市場取引を統制経済で代替し、すべての生産を国家（組織）の管理下に置いた。その結果、マネジメントが複雑化し、一般管理費が無限大に増大した。その結果、国家（組織）は破綻し、解体されて市場が形成された。

（9） この点は、じつは重要な意味を持っている。1990年の多国籍企業研究会世界大会（東京）で、歴史に残る論争、「バックリーと小島論争」があった。小島は、バックリー＝カソン＝ダニングの内部化理論（優位）に対し、「それは独占の擁護である」として批判した。それに対し、バックリーは、「内部化は取引費用を節約するので経済合理的である」と反論した。両者の違いは、垂直統合を「独占」と見なすかどうかであった。垂直統合の意図は「黒に近いグレー」であろう。この論争はまだ決着していない。この点については、N. Kobayashi（ed. 2005）、安室（2008）の脚注3を参考された

い。
（10）　これは、取引が完全にアームスレングス（市場価格）で行われる場合よりも、垂直的に統合された組織内部での取引によって超過的な利潤が発生しうる、という仮定に基づいている。この場合、それがマネジメントによる効率化の結果なのか、社会の厚生にマイナスの効果が及ぶ独占効果なのかは、議論の分かれるところである。前者の場合は「内部化」優位性であるが、後者の場合は下請けいじめなどの「権力の乱用」と言えよう。その識別が難しいことが議論の決着を長引かせている。本書では垂直統合による超過利潤は組織の利得とした。
（11）　町田（2008）、國廣・五味・小澤（2007）参照。
（12）　この文脈から、今日のアメリカの金融制度の崩壊は、「功利主義」哲学に基づく近代経済学の限界、とくにフリードマンを中心とする金融資本主義の学説にあることが、読み取れる。この問題性については、後の7章で詳しく論ずる。
（13）　近代的な経済制度ができる以前、血縁、地縁、宗教などが商取引の基盤を形成していた。宗教世界では、イスラム教とビジネスは密接な関係にあるし、クエーカー教徒やモルモン教徒は信者のネットワークを通じた堅牢なビジネスを築いている。つまり、これらの宗教社会的な要素は、遠くに離れた人々の間の商取引にまつわる取引費用を節約する効果を持っている。もし、誰かが契約違反をすると、信者グループからの追放を意味していた。信徒やキンシップ（血族者）、あるいはインドのカーストにとって、コミュニティーからの排斥は即、死を意味するほど厳しい掟であった。日本の「村八分」はそれに比べれば緩やかな処罰と言えよう。商業道徳はこうしたコミュニティーの掟によって、裏打ちされていた。
（14）　同じ経済活動量を持つA国とJ国があったとしよう。A国では商業道徳が崩壊し、取引には常に取引費用がかかり、垂直統合型組織が不可欠になっている。J国は商業道徳が機能し、取引費用が少ないので、組織は小規模でフラットである。どちらの国の経済の効率が高くなるか。もちろん、取引費用の少ないJ国である。つまり、一国の経済の効率は商業道徳の有効性に左右される。商業道徳は信用という経済財である。近代以前の経済では、商業道徳を補うものとして、キンシップ（血族）や宗教の信徒集団が、取引費用を除く機能を果たしていた。以上の議論は、1990年に筆者がレディング大学の客員教授として滞在した折に、ジョン・ダニング、マー

ク・カソン、ピーター・バックリー、ジョン・カントウェル、ジェフリー・ジョーンズと議論しあったテーマである。

(15) チャンドラー（Chandler 1977）は、『ビジブル・ハンド』で、「神の見えざる手」から経営者による「見える手」への転換が、近代経営の成立であるといったが、この主張自体は正しい。ただし、この観点には別の角度からの疑問がある。いちど市場取引が組織に内部化され、「業務」に転換されると、経営者には「見えて」も、外部からは「見えない」（企業秘密）という欠点がある。犯罪は、「見える」場所よりも、「見えない」場所で起こりやすい。経営者にだけ「見える手」（ダークサイド）は、ともすると企業犯罪の温床になりやすい。組織への市場原理の導入は、組織の「見える化」、「組織犯罪の抑止」にほかならない。この場合は、「神の見えざる手」が役立つのである。

(16) 筆者の手元には、斎藤憲監修（2000）の『企業不祥事事典』がある。ここには、代表事例として150件が記載されている。しかも、大事件だけで、この多さである。エンロン事件などは、経済社会に与えた損害は計り知れない。今回のアメリカの投資銀行の崩壊も、その類に属するだろう。「組織の失敗」は、しばしば「市場の失敗」よりも社会的費用が大きい。

(17) 制度経済学の観点から、以上の仮定を整理するなら、次のようになるだろう。ホジソン（Hodgson 1993b, p.256）は次のように言う。「知識の階層の成文化が可能なものほど、適応性の程度が大きくなり、その知識の内容の変化も大きなものとなる。その結果、技術的知識、価格、あるいは政府と法律に関する情報の変化は社会経済的発展の場所と方向に対して、より劇的な変化となりがちである。それに対して、成文化できないスペクトラムから発するもの、たとえば慣習やルーチンに深く埋もれているようなものは、より段階的な、そして長く続く変化になりがちである。」これをわれわれの命題に引き当てるならば、次のようになる。社会生活に「埋め込まれた」慣習やルールは市場を安定化させ、取引費用を削減する効果が高い。他方、ルーチン化が困難な技術的知識や政治変動などは不確実性の源泉となり、変化への適応は、しばしば組織の調整能力を上回る。

(18) 確実性の高い取引とは、国際的に標準化がなされ、スペックや性能が法的に定められたコモディティー財など、米や味噌のような伝統的な商品、OSのソフトのように誰にでも中身や用途が知られているデファクト財などが考えられる。この場合は、取引を内部化する意義は少ない。他方、カン

トリーリスクのような制御不能のリスクがある場合、組織を作り、固定費を抱える（エクスポージャーを持つ）ことは不利である。この場合は、価格が高くても、1回ごとの取引を繰り返すことが有利となる。この結果、組織が有効なのは、当該組織が管理可能な不確実性の範囲に限定される。

（19） Web2.0の基本命題は、バーチャル空間内に、社会生活を模した「コミュニティー」を立ち上げられるか、それをリアルなコミュニティーと同じように機能させられるか、であろう。それが「できる」というのが答えであれば、「完全市場」に近いコモン・マーケットが形成可能となる。コメント機能のついた取引サイトたとえばアマゾンや楽天、近年流行のSNSは、この先駆形態と考えられる。

第3章　多国籍企業によるローカル経済の
　　　　グローバルな連結

はじめに

　ある見方をすれば、多くの経営史家が、なぜ幾つかの組織はライバルを差し置いて成功する地位を築いたのかという疑問に答えようとしてきた。したがって、「競争優位」とか「コア・コンピタンス」というような概念が経営史の主要な論点となった。その結果、私企業や国家が研究の主要な対象となった。その理由は、この二つのタイプの組織が、測定可能な条件で卓越性を創り出せるからである。したがって、大多数の経営史家が私企業に焦点を定め、「コア・コンピタンス」の形成過程を研究したのは理の当然と言える。その最良の例が、A. D. チャンドラーJr.（Chandler 1962）の業績である。

　他方、国家の競争力の観点からは、何名かの経営史家が、幾つかの国は効率的なマネジメントのシステムを開発できたが、なぜその他の国は開発に失敗したのかという問題を探求した。この場合、法人システムおよびマネジリアル・システムの国際比較が主要なテーマとなった（Chandler 1980, 1994 ; Lipsey and Kravis 1987 ; Wilkins 1988）。国家の比較研究で最も重要な業績の一つは、A. D. チャンドラーJr. の著作、「スケール・アンド・スコープ」（Scale and Scope 1990）である。また、マイケル・ポーターの著作、「国の優位性」（The Competitive Advantage of Nations 1990）は、比較のための枠組みが提示されている点で重要である（Solvell, Zander and Porter 1991, Ch2）。

　私企業の経営史研究はミクロ経営史と分類できるだろう。その意味では、国の競争力の研究はマクロ経営史として分類すべきである。したがって、経営史の新領域は「中間領域」（ないし「メゾ」）の経営史ゾーンに存在する。

別の言い方、つまりジョン・ダニングの「折衷理論」（Eclectic Paradigm）に従えば、会社のコア・コンピタンスは「所有優位（O）」（Ownership-advantages）、国の優位は「立地優位（L）」（Location advantages）と言い換えられる（Dunning 1988, 1991, 1993 ; Cantwell 1991）。しかしながら、ダニングの折衷理論の三本目の柱である「内部化優位（I）」（Internalization advantages）は、経営史研究の文脈では何と呼ぶべきだろうか。「内部化優位」は、垂直統合および自立したビジネスユニット間の水平的リンケージを含む、企業間関係の領域に存在する。最近では、「内部化」の経営史が、マーク・カソン（Casson 1986）、ジーン・フランソワ・ヘナート（Hennart 1986）、その他の研究者（たとえば、Read 1986）によって精力的に行われている。しかしながら、カソンを含む幾つかの論文は、内部化（より正確には、垂直統合）は、利益あるいは「優位性」よりもむしろビジネス・コストをもたらすと言及している。内部化の戦略は、優位性をもたらすことが稀であり、力強い便益を持つことはできないと言うのである。

　内部化優位（I）は、経済的および経済以外の環境条件が不安定になると、「壊れやすく」（fragile）、「腐敗しやすく」（perishable）、「揮発する」（volatilize）特質を持っている（Jones 1995, Ch.3）。つまり、内部化のメリットは原材料の特質、製造技術、市場構造、市場の状況、景気変動、政府の規制など、といった制約条件によってしばしば希釈される。経営史研究では、内部化をアプリオリに優位性として言及することがしばしば意味を為さない場合がある。たとえば、アルミニウムと錫の精錬産業では、垂直統合の有効性は鉱物の特質と鉱山の状況によって決定される（Jones 1995, Ch.3）。腐敗しやすいバナナでは、農園の場所（とくに市場までの距離と品質管理）が、そして時としてバナナの疫病が、有効性を決定する（Read 1987）。最近では、激変する市場条件の下では、大規模な製造企業は自社生産の比率を下げて、アウトソーシングの戦略、つまり下請け企業や大規模な協力サプライヤーからの調達を増やす方向を選択している。これは、生産の「脱内部化」（de-internalization）あるいは外部化（externalization）が今日の流行であることを意味する。また「デカップリング」（de-coupling）が情報技術（IT）の発達によって促進され

ている。

　これらの事実は、変化の激しい（あるいは不安定な）状況では、内部化のメリット（たとえば、垂直統合およびビジネス・ユニットと経営機能のタイトカップリングした水平的リンケージ）は、たやすく消滅しうることを示している。したがって、経営史家は、しばしば内部化プロセスを競争優位の源泉として扱うことに賛意を示さない。

　この章では、最初に、内部化理論と内部化優位（I）に対して幾つかの疑問を投げかける。オリバー・ウィリアムソン（Williamson 1975）の取引費用論を最初に多国籍企業論に適用したのはティース（Teece 1985）であるが、生産・技術・ノウハウの国際移転に際して、最小コストの観点から垂直統合（取引内部化）のメリットを論じている。

　これに対し、ここでは、内部化理論に対して「過剰な内部化」（over-internalize）という概念を提示して批判する。第一に、筆者は、日常の出来事を通じた社会生活の中での人間関係を基盤としたローカルなものづくりのネットワークによる「信頼形成」（trust-making）のプロセスに注目したい（Casson 1991, p.15-19）。別言すれば、特定の産業地区の「地元の雰囲気」（local atmosphere）が、住民による機会主義的行動を抑制できるのなら、階層的コントロールによるガバナンス・コストを減少することができる。これは、（I）優位が、しばしば（L）優位と逆比例することを意味している。

　第二に、（L）優位と名付けられている実態について考察したい。実際、折衷理論では（L）優位の定義に関して、幾つかの矛盾がある。通常、国際経済学では、（L）優位は比較要素費用として定義されている。一方、ダニングは（L）優位を次のように定義している。「私は、最初の頃の論文で考えていた所有優位と立地優位の概念を、企業が利用可能な他の要因の組み合わせも含むように拡張した。それらの要因とは、企業が所有優位と立地優位の利用を組織化する方法に関係したものである。」（Dunning 1991, p.122）。この説明は、どこかトートロジーのように聞こえる。

　しかしながら、ここに引用したダニングの短いメッセージには、折衷理論における（L）優位の理解の鍵が存在している。この文脈において、筆者が

とくに強調したい点は、マーシャルの「産業の雰囲気」(industrial atmosphere) と「産業集積」(agglomeration of industry) である。つまり、筆者は、(L) 優位を、中小企業 (SMEs) と主に地域の政府と中央政府によって提供される支援的社会資本によって構成される「ローカル生産のネットワーク」(local production network) として言及したい。そのような産業システムには、公共部門のサービス（たとえば、現地政府の産業政策、開発公社、研究開発機構、大学、職業訓練所、商工会議所、地元の銀行、など）が含まれる。産業組織の複雑なシステムは「制度の厚み」(institutional thickness) と定義される (Granovetter 1985 ; Amin and Thrift 1994)。

　第三に、(I) 優位と (L) 優位の代替関係を示す証拠を提示したい。ここでは、二つの産業地域、すなわち、ドイツのバーデン・ヴュルテンベルク (Baden Württemberg) と中部イタリアのエミリア・ロマーナ (Emilia-Romagna) である。前者は、自動車産業の最近のグローバリゼーションのトレンド、垂直的に統合した産業システムの解体へと導いた「リーン生産革命」（トヨタ式生産システム）と、この地域における中小企業 (SMEs) のフレキシブルなローカル生産のネットワークへの再構築に関する事例である。後者は、企業者的な小規模繊維の職人的企業が構成するローカル生産の集団化ないし統合プロセスを示している。しかしながら、この中小企業のローカル・ネットワークは、1990 年以降、途上国の輸出品によって脅かされている。この二つのケースの分析を通じて、(I) 優位と (L) 優位の代替関係について考察する。

　第四に、多国籍企業と地域経済の間に架橋する方法について論ずる。多国籍企業は (O) 優位性を所有している。地域経済は (L) 優位性を構成するローカル生産ネットワークと「制度の厚み」を備えている。多国籍企業が (O) 優位に努力を傾注し、「過剰内部化」の投資を減少するなら、立地の (L) 優位をフルに活用できるようになる。「リーン生産」（トヨタ式生産システム）の世界的浸透の結果、ローカル生産のネットワーク（下請けを含む）への依存と内製率の低下（外部化ないしアウトソーシング戦略）は「必要条件」であり、避けがたい命題である。

一方、地域経済も欧州連合（EU）の他の地域およびグローバル経済とのリンケージを必要としている。他の生産サイトの「部分」を幾重にも結ぶグローバル生産の連なり（filieres：ポーターの用語ではバリュー・チェーン）は、二つの潜在的可能性を持っている。一つは、ローカルな自己完結の喪失。もう一つは、解放されたグローバル市場の門口である。ローカル経済の尊厳を保ちながらグローバルなリンケージを持つためには、地域経済が「制度の厚み」、別言すれば、「制度的知識ベース」を備えなければならない。

バーデン・ヴュルテンベルクは、十分な「制度の厚み」を持っていたが、その「ローカルな埋め込み」（local embeddedness）は、この地域の大企業によって組織された垂直ネットワークによって構成されていた。そのような場合、「制度の厚み」はドイツの産業界だけが利用可能であり、排他的であった。バーデン・ヴュルテンベルクの将来の成長のために、州政府は地元志向を薄め、より開かれた、フレキシブルで国際志向の産業基盤に転換しようとした。バーデン・ヴュルテンベルク政府がこの転換に失敗すれば、ルール地方と同様、衰退の運命が待っていた（Grabher 1993）。ルール地方では、産業基盤が炭鉱業、製鉄・製鋼産業で成り立っていた。この産業構造は非常に硬直的で、個々の組織はタイトにカップリングしていた。事実として、それをフレキシブルな産業秩序に改変することは極めて困難だったのである。

他方、エミリア・ロマーナは開かれたフレキシブルなシステムだが、適切な「制度の厚み」を欠いていた。この場合、多国籍企業はこの立地にさほど魅力を感じないだろう。多国籍企業が（O）優位をこの場所に移転する場合、支援的生産設備と経営管理機能に投資しなければならない。その場合には、内部化のコストは高くなる。この投資は、この立地場所に「制度の厚み」が存在するなら軽減できるだろう。この「コア・コンピタンス」のための「周辺的」および「支援的」投資は、企業の競争優位の強化にあまり繋がらないので、多国籍企業にとってさほど重要なものではない。その結果、多国籍企業が過剰な海外直接投資と官僚的な階層組織の非効率を避けるためには、立地場所に（L）優位が存在することがたいへん重要になる。なぜなら、ローカル経済の中の、そうした大規模な垂直統合組織の存在は、「飛び地」

（enclave）をもたらし、企業を地元の文化や社会環境から隔離してしまう。もしエミリア・ロマーナでこのような垂直統合型組織が出現すれば、階層志向のコーポレート・カルチャーは企業者の柔軟なネットワーク文化に適応できないだろう。

その結果、公共セクターの地域のインフラストラクチャー（「制度の厚み」）を備えた開放的でダイナミックな、自己組織的ネットワークが地域経済の未来モデルとして不可欠になる。そのような場合、各々の地域経済は個性的な地場の優位性（L）や現地のアイデンティティーを失うことなく、多国籍企業のグローバル生産の連鎖の中に適切に位置付けられるだろう。

最後に、ヨーロッパの経営史研究の今後の課題について示しておきたい。つまり、ヨーロッパ地域（ないし中央および地域政府の政策）と多国籍企業との間に、どのような関係を発展させるかについてである。「制度の厚み」は内部化費用をどの程度、減少（ないし増加）させるのか。多国籍企業の生産連鎖において、社会経済のどのような構造が（O）、（I）および（L）優位を発展させるのか。どのような状況下で、地域経済は存在価値を失い、所謂、「支店経済」（branch economy）に陥るのか。この種の知識は、地域経済発展のプランナーだけでなく、地元のコミュニティと共生的なパートナーシップを創ろうと望む多国籍企業の経営者にとっても重要である。

1　内部化優位に対する若干の疑問点

オリバー・ウィリアムソン（Williamson 1975）は、市場における売り手と買い手の取引は、しばしば各々の側の機会主義的行動によって非効率になると論じた。市場の不完備性（imperfectness）を取り除くために、取引は内部化され、階層組織によって統治されなければならない。その結果、取引における不誠実は排除され、取引費用を減少することができる。別言すれば、階層組織が市場に取って代わる。この命題は3つの基本的な問題を含んでいる。(1)「市場」の概念、(2) 階層組織の有効性、(3) 合理的計画の失敗、である。

コース（Coas 1937）とウィリアムソン（Williamson 1975）の内部化理論の命題は、新制度学派の代表であるが、新古典派経済学の理論の対抗として出現した。しかしながら、両学派とも市場の概念に関しては、ホッブズの伝統（Hobbesian tradition）に従って、「原子状態」や「自然状態」を想定している。市場に関する近代的な概念は、繋がりを欠いた人々、つまり人間同士の関係を欠き、相互の情報交換がない人々を想定している。これは、グラノベッター（Granovetter 1986）の言うところの「社会化の過度に低い」（under-socialized）状況である。しかしながら、われわれの「経済生活」のリアリティーは、この仮定とは著しく異なる。通常の経済生活では、売り手と買い手の取引は、商行為を通じた個人的な関係によって生まれた「信頼」に基づいている。さらに彼らの関係は、継続的かつ長期にわたるので、商行為におけるいかなる不正行為や策謀も次の商取引を停止させられるリスクをもたらす。そのような場合、どんなビジネス・サークルの構成員も商業道徳を守り、他の構成員の信頼を得ようとする。さもないと、ビジネス・サークルから排除されるからである（Casson 1991, p.17, 260-267）。

　したがって、第一に取引費用論に基づく内部化理論の前提には、社会関係の崩壊や人々の相互不信が存在しなければならない。別言すると、「万人の万人に対する闘争」（トマス・ホッブズ）の状態が存在しなければならない。その結果、内部化は、その深さと程度において、社会における信頼の崩壊の程度によることになる（Casson 1991, Ch.1）。

　第二に、階層組織を通じたガバナンスは官僚制組織の形成を意味する。官僚制的組織は非効率と不誠実の温床であることは周知の事実である。官僚制の凶悪さを示す最悪の事例はソヴィエト連邦である。ソヴィエト連邦の計画経済は「内部化の過剰」（over-internalized）の極端な例であった。ソヴィエト連邦の例は、階層組織によるコントロールが資源の合理的配分と取引の管理統制の理想的なモデルではないことを示している。他方、資本主義社会では、汚職や横領といった企業犯罪がほとんど毎日のように新聞で報道されている。法人監査の制度は、経営者や管理者の組織内部での横領を監視するには不完全である。別言すれば、市場よりも、階層組織の方が機会主義や横領をコン

トロールする方法として優れているという理論を支持する理由は不十分である。「内部化過剰」の状況で発生する通常の犯罪は、しばしば社会に深刻な災厄とダメージを与える。一方、「内部化過小」（under-internalize）の状況でも不誠実や詐欺行為が発生するが、社会に与えるダメージは限られ、制度的約定により保険をかけることができる。「過剰な内部化」状態の下での最悪の犯罪は、経済生活に対して行使される独占的権力の濫用である。つまり、組織の失敗（企業犯罪）は市場の失敗（商取引上の小さな嘘）よりも、一層深刻になる傾向がある。

　第三は、計画策定の失敗と合理的意思決定の数式形成における計算不可能性の問題である。ミクロ経済では数式は抽象化の手段として示されるが、ほとんど実数を入れて計算することはない。理論と現実の間には巨大なギャップが存在する。たとえば、ミクロ経済学の教科書にある N 財モデルでは、N が 50 以上になると計算できない。1 秒間に 100 万ステップの計算能力（100 億ステップでも同じことだが）を持つスーパーコンピュータを使って計算すると、N が 20 財では 1 秒かかるが、N が 30 財では 30 日、N が 60 財では 35,700 日、N が 80 財では 357 億年かかることになる（塩沢 1997、p.77-78.）[1]。つまり、誰でも数式を組めるが、通常の人生の長さで答えを得ることは困難であろう。ソヴィエト連邦のような計画経済の失敗は、ある程度は官僚制の不効率と不正行為の結果であるが、本質的には合理的意思決定の計算不可能性に原因があると言えよう。確かに計画経済において複雑な数式を構築することは可能であろう。しかしその変数は 1 万のオーダーを越え、しかも絶えず変動するだろう。何かの些細な状況の変化で、部品や原材料の生産が間に合わず、それがさらに上級の生産計画の遅延を招く。こうして、慢性的に中央計画経済は遅延し、やがて麻痺してしまう。つまり、合理的な方法による中央計画は実行不可能になる。その結果、中央計画は常に不正確かつぞんざいになり、常に意思決定の遅れが発生し、最終的にはシステム全体が麻痺し、ダウンする。そうした合理的意思決定と計画の無能力さが、ほとんどの大規模統合組織にも発生する。ソヴィエト連邦型組織の失敗事例は、われわれの経済生活では、意思決定はこれとは異なるやり方で行われていることを示

唆している。この認識は、「複雑性の理論」(*Theory of Complexity*) がもたらした価値ある貢献の一つであろう。

以上で述べたように、内部化命題は、3つの欠点を内包している。第一は社会生活（信頼）の軽視、第二は官僚制の失敗（組織の不効率と不正行為）、第三は計算不可能性（複雑性）である。われわれは、内部化命題に対して、以下のような疑問を問わなければならない。すなわち、もし内部化理論が普遍的に有効であるのなら、なぜ中小企業（SMEs）がこの世に存在しているのか。つまり、なぜ中小企業は1つの巨大な階層組織に統合されることなく、依然として市場で機能しているのか、である。

2　立地優位性とローカリティ

内部化（I）優位が批判される根本には、市場が経済学でいうような空虚な概念ではなく、人間同士の関係に基礎を置いた人々の取引の場、「社会生活の実存」という認識がある。つまり、人々の経済活動はコミュニティの中に「埋め込まれて」いる（Granovetter 1985, p.494）。また市場は機械的なものではなく、スケールとスコープを異にする極めて多数の組織からなり、互恵的関係を通じて自己組織化の活動を創り出す「複雑系」(complex system) である。多くの事例で、取引は「内部化過小」ないし疑似市場状態では、組織階層によるよりも、より一層柔軟で効果的であることが示されている。われわれが銘記しなければならない最も重要な点は、「埋め込み」がある特定の地理的な場所でしか発生しないこと、つまり「ローカリティ」が（L）優位の中心概念ということである。

その結果、われわれが（L）優位において検討しなければならないのは、抽象的な概念での比較生産費ではなく、場所特定性（place-specific）である。この文脈において、筆者は（L）優位は、取引を統御するガバナンス構造を構築する必要が軽減される、中小企業がローカル製造ネットワークを構成する場所から発生すると主張したい。そのような場所には、非常に多数の中小企業が、彼らの専門性と知識ベースに依って、複雑な分業体系を構成してい

る。彼らは情報を交換し、模倣を通じてイノベーションを伝播し、業界のネットワークを通じて相互依存している。こうした「場」の存在が「自己組織化」のプロセスそのものである。われわれは、そうした事例を容易に地域経済の中の成長する地域や先端地区に見出せる。

「ローカリティ」の共通特性は「信頼」である。信頼はその場所での社会生活を通じて創られる。コミュニティとしての場所は、取引において詐欺や機会主義の意図を規制する自己監査機能を持っている。特定場所における水平的ネットワーク、たとえば、商業組合、業界の集まり、職人組合、専門職グループ、および商工会議所のような組織によって、自己監査機能が強化される。情報共有とイノベーションの伝播は、公的な研究開発機構、地域開発機構、大学、工業高校、技術移転センター、中小企業向けコンサルティング・サービスなどの支援的産業インフラによって促進されるだろう。中央政府、地方政府および地方銀行は中小企業に金融資源を供給する。

地区の産業集積ないし「制度の厚み」(Amin and Thrift 1994) は、階層組織による取引のガバナンスを軽減しうる。これが、バーデン・ヴュルテンベルクの自動車産業、エミリア・ロマーナの繊維産業が (L) 優位で強みを持った理由である。

このようにして、内部化プロセス (I) とローカル生産ネットワークの発展段階 (L) は代替関係にあることがわかる。(L) が不十分の時には、(I) が (O) 優位性を越えて拡張されなければならない。この文脈において、内部化は優位性としてではなく、コスト／ベネフィット分析における「費用」(costs) として計算されなければならない。その結果、(I) 優位と (L) 優位を並置することは論理的に正しくないことがわかる。

3 産業地区における(I)優位と(L)優位のダイナミックなリンケージ

3.1 バーデン・ヴュルテンベルクの自動車産業における垂直統合の「リーン・プロダクション」への転換

バーデン・ヴュルテンベルク州は、1986年〜88年の間、欧州共同体で9番目に大きな GDP 指標だった。この州の主要な産業は自動車工業（従業

員数 237,000 人)、電子工学 (266,000 人)、機械製造 (工作機械を含む：281,000 人) だった (Cook and Morgan 1994, p.92)。主要な大手企業としては、自動車産業ではダイムラー・ベンツ、アウディ、ロバート・ボシュ。エレクトロニクスでは SEL－アルカテル、工作機械メーカーではハイデルベルク、トランプ、トラウブなどがある。工場単位で見てみると、1991 年に、メルセデス・ベンツが 46,000 人、ボシュが 75,000 人、SEL－アルカテルが約 30,000 人を雇用していた。

　しかしながら、この産業地区の中核組織は、中小規模の企業であった (Cook and Morgan 1994, p.93)。事実、この産業地区の製造企業の 99.4％、製造業雇用の 57.9％が従業員数 50 から 100 人規模の企業のものであった (Herrigel 1993, p.229)。バーデン・ヴィルテンベルクの未来は、少数の巨大企業と極めて多数の小企業のミックスにあった。

　1990 年まで、バーデン・ヴィルテンベルクは主導的地域であり、多様な高品質製品に特化したネットワーク経済のモデルと考えられていた (Streeck 1989 ; Cook and Morgan 1994, p.93)。職人気質と洗練された技術の伝統が、大規模企業と小規模企業の生産プロセスを監督する高度に熟練したマイスターの階層的なパワーによって支えられてきた。垂直的な下請けのネットワークが大企業の OEM 戦略を支え、小規模バッチの多様な製品の生産に非常に柔軟に対応した。しかしながら、そうした手工業的生産システムの維持は費用がかかり過ぎたので、メルセデス・ベンツとポルシェだけがそのような贅沢に耐えることができた。それは、工学的卓越性が彼らのコアのコンピタンスだったからである。中小企業との大規模な下請けネットワークはたいへん強靭で、とくに工作機械の場合、彼らの関係は競争的と言うより、極めて保護的で補完的だった (Cook and Morgan 1994, p.893)。その結果、バーデン・ヴィルテンベルクの中小企業は、特殊なカテゴリーないしニッチ製品に細分化され、製品区分を越えた相互交流が阻害された。

　1990 年代の初頭に 3 つのショックがバーデン・ヴィルテンベルクにおける生産の垂直的および階層的ネットワークを襲った。第一の波は日本の「リーンプロダクション・システム」である (Womack, Jones and Roos 1990)。

第二の波は、グローバル競争下での価格とコストの切り下げ圧力である。第三の波は、上部階層（upper-tier）の供給業者に対する打撃である。彼らは、メルセデス・ベンツやアウディなどの大企業と協働するために研究開発投資を求められた。

　第一の波は、コックとモルガン（1994, p.94）によると、「リーンプロダクション・システムはドイツの製造業に対して大地震のようなショック波を与えた。とくにトヨタの新しい高級車のレクサスは、メルセデスの高級車の品質と同等の水準でありながら半額で発売開始した。これはまさにドイツ自動車産業の特別な関心事であった」。1990年から92年まで、マサチューセッツ工科大学（MIT）が行った国際自動車研究計画の報告に関して、少なくとも50回のコンファレンスがドイツで開かれた。ダイムラー・ベンツ、フォルクスワーゲン、ロバート・ボシュのような大企業が彼らのトップマネジメントのための手引書としてMITの報告書を各1,000冊購入した（Cook and Morgan 1994, p.94）。コックとモルガンの表現によれば、「リーン生産方式のメッセージのポイントは、たくさんのバラバラな経営的および生産上のイノベーションを"システム的に統合する"必要性が、日本のオリジナルと認識された。」（1994, p.94）。

　第二の波は、コスト削減だった。ドイツは賃金、税金、利子、および環境コストが高い経済である。メルセデス・ベンツの最重要課題はコストの削減だった。Sクラスのメルセデスはエンジニアリングᬝ剰で、品質重視の結果、途方もなく高価だった。コスト意識がトヨタの挑戦に応えるために絶対的に必要だった。

　第三の波は、リーン生産方式の導入によってもたらされた。上級階層の供給業者が新製品の開発、とくにメルセデス、アウディ、ポルシェ、などの組立加工会社の新製品の生産に必要な重要部品の設計と設備の共同開発への参加を求められた。しかしながら、日本の競争相手に比べて、ドイツの基礎産業、とくに工作機械メーカーは弱体だった。表3-1は、1990年における日本の大手工作機械メーカーとドイツの工作機械メーカーの生産性を比較したものである。表3-1に示されるように、両者ともアウトソーシングを志向

第3章　多国籍企業によるローカル経済のグローバルな連結

表3-1　ドイツと日本の工作機械メーカーの生産性の比較

企業	1990年のドイツ企業				ドイツの平均値 1989年	1990年の日本企業		
	A	B	C	D		A	B	C
従業員一人当り売上高（千DM）	239	238	311	199	179	650	795	725
従業員一人当り付加価値（千DM）	119	132	149	113	95	336	517	249
内製率（％）	50	47	48	57	51	52	65	34
税引き後利益率（％）	−2	2	5	2	1.3	14	6	8
売上に対する労務費の比率（％）	31	23	24	38	34	10	12	10
売上に対する株式総額の比率（％）	22	20	15	35	37	15	17	22

資料出所：原典は Brodner and Schultetus（1992, p.39）。Cook and Morgan（1994, p.98）の引用に手を加えた。

していながら、日本の工作機械メーカーは規模が大きく、生産性が高く、ドイツの競合より利益率が高かった。ドイツの工作機械メーカーは明らかに旗色が悪い。程度は劣るが、他のアジアの新興工業国のメーカーもまたドイツの製造業にとって深刻な競争相手と見られていた。

バーデン・ヴュルテンベルクにおいて、工作機械産業は、1990年に391社が約46,000人を雇用していた。それに対し、自動車産業は1990年に800社以上の部品企業を含む、237,000人を雇用し、この州の製造部門の総生産の6％を占めていた（Cook and Morgan 1994, p.99）。しかし、ドイツ自動車製造連合（VDA）は、近い将来、ドイツの自動車産業は200,000人の雇用削減をすべきとしていた。

伝統的にバーデン・ヴュルテンベルクは、公的な産業支援計画の一機能として、ビジネス活動を支援する媒介的な諸制度の緻密なネットワークを持っている。リーン生産革命の脅威の下、公的産業支援機構は使命を持ってスタートした。バーデン・ヴュルテンベルクは以下のような研究開発能力を持った。基礎研究を担当する12カ所のマックス・プランク研究所、応用研究を担当する13カ所のフラウンホッファー研究所、20カ所の工業試験所、120カ所のスタインバイス財団中小企業向け技術移転センター、9つの大学（マンハイム、カールスルーヘ、ハイデルベルク、スタットガルト、チュービンゲン、フライブルクを含む）、および39の工業大学（ポリテク）である（Herrigel 1993, p.230；Cook and Morgan 1994, p.99）。さらに、州政府、経済技術

省のレベルでは、次の組織が責任を負った。House der Wirtschaft（貿易および産業促進）、Landesgewerbeamt（中小企業協同化の促進）、GWZ（国際経済協力機構）、スタインバイス財団（中小企業向けベンチャー資金提供のアセスメント）、および Landeskreditbank（州立信用金庫）である。また、これ以外の公的組織として、13 の商工会議所、雇用者協会、労働組合、および業界団体が存在する（Cook and Morgan 1944, p.100）。これらの政治的および経済的計画の地元の人工物、つまりバーデン・ヴュルテンベルクの「制度の厚み」が、この地域に共通する「コーポレート・カルチャー」の実施、協同化と開放性を決定した要因である。

　そうした「制度の厚み」に支えられ、バーデン・ヴュルテンベルクの自動車産業は垂直的に統合された生産システムを、より分権的な「リーン生産」スタイルへと再構築し始めた。この目標を目指して、各社は独自の道を選んだ。メルセデス・ベンツとポルシェは日本式の目標原価手法（cost-targeting）を取り入れ、エンジニアリング過剰の製品の管理に役立てた。メルセデスは、「リーン生産方式」の考え方をオフロード車および「大衆車」（people-mover）のような製品分野に適用した。アウディは、プロジェクト・ベースの複数の職能を担当するエンジニアリング・スタッフで構成される「シナジー的開発」チームを組織し、80 から 100 レンジの車種に投入した。アウディの目的は、内製率を 45％から 30％以下に減らし、1991 年に 1,050 社あった供給業者を 1994 年までに 650 社に減らすことであった（Cook and Morgan 1994, p.101）。

　以上のように、バーデン・ヴュルテンベルクの自動車および工作機械産業は、1990 年代に日本の「リーン生産方式」とグローバル競争にさらされ、産業秩序を垂直に統合されたものから、中小企業の分権的なネットワークへと再構築した。1990 年には 3,500 社あったドイツの供給業者は再構築が完了した時点で 1,000 社に減ることになっていた（Cook, Morgan and Price 1993）が、バーデン・ヴュルテンベルクの産業支援システムの「よい埋め込み」がこの地域の雇用危機を防ぐと期待されていた。

3.2 エミリア・ロマーナにおけるニットウエア産業

1950年代にはエミリア・ロマーナはイタリアの貧しい州に過ぎなかったが、1980年代になると、イタリアで5指に入る豊かな地方となり、一人当たり所得でヨーロッパの各地域で9番目にランクされるようになった（Lazerson 1993, p.205 ; Cook and Morgan 1994, p.103）。興味深いことに、イタリアのニットウエアの家内工業（putting-out）システムは、モデナ州が中心地だが、素晴らしい経済成果をもたらしている。モデナは1980年代から1991年にかけてイタリアで最も早い成長率を示した。この地方の失業率は、イタリアの平均が10.8％に対して、3.8％であった（Cook and Morgan 1994, p.103）。大企業がないのに、どのようにしてモデナは羨ましいほどの成果を上げることができたのだろうか。

このエミリア・ロマーナ地域の輝かしい成果は、機械工業、繊維、農業、食品、家具、および窯業のような「成熟」産業に基づいている。この地域のもう一つの特徴は、下請け、職人、および農村地区の家内工業のような中小・零細企業による生産システムである。本章では、モデナのニットウエア産業に焦点を絞りたい。

モデナでは4,291のニットウエア企業が16,000人を雇用しているが、その平均的な規模は極めて小さく、たとえば、33企業が各1工場を持つに過ぎず、89％が製造業者の下請け仕事を行う職人によって所有されている。モデナでは、ニットウエアの労働力の39％が、職人と彼の家族および親戚によって構成されている。その結果、雇用数から見た企業の平均規模は3.93人である。これには所有者と助力する家族の数も含まれている。後者を除くと、平均規模は2.39人に縮小する（Lazerson 1993, p.204）。

モデナはこの地域の繊維産業の中心地だが、その繊維産業の成長の軌跡は、1940年代の農家の麦藁帽子の家内工業から始まった。麦藁帽子が衰退した後、職人たちは大規模な企業と接触し、安価な布の販売（製造ではない）を開始した。その後、幾つかの企業がTシャツの生産を開始し、農村地区の伝統的な内職のネットワークを活用し始めた（Cook and Morgan 1994, p.104）。1970年代から80年代にかけて、これらの中小・零細企業は彼ら自身の手で、

下請けや独立の製造業者を設立し、生産量と品質を向上させた。この期間に、大規模な企業は新興工業国の標準製品に脅かされ、次第に価格の安い、品質の劣る標準的な製品に傾斜していった。エミリア地方の中小・零細企業は、変化する市場条件に素早く、柔軟に対応することができた（Lazerson 1993, p.204 ; Cook and Morgan 1994, p.105）。こうして、モデナの繊維産業は職人企業による複雑な生産ネットワークによって生き残った。

1990年代の初め、エミリア地方の繊維産業もまたグローバル競争の波に飲み込まれた。脅威は2つの方向からやってきた。第一は、大企業がより攻撃的でフレキシブルな戦略を採ったこと。第二は、低賃金国が類似のTシャツやカジュアル・ニットウエアを輸出し始めたことである。競争が激しくなると、大企業は、10年前に中小・零細企業が導入した生産方法を導入して、競争に対応しようとした（Cook and Morgan 1994, p.105）。大企業はマスマーケット志向の生産から、より付加価値の高い、多様な品質志向の市場へとシフトした。

中小・零細企業にとって最も困難な課題は、新製品の開発と生産技術の開発の能力を欠くことだった。モデナの中小・零細企業は、大企業の新製品を模倣する企業者的能力を発揮し、素早く製造ノウハウを獲得した。しかし、彼らの規模と「家内工業」というスタイルのため、基本的に研究開発機能を欠いていた。グローバル競争の下で、大企業は生産場所を低賃金の地域、たとえば、イタリア内部のプグリアやカンブリア地方、海外ではギリシアやユーゴスラビア（戦争以前の）に移転させた（Cook and Morgan 1994, p.106）。産業空洞化の危機に直面し、この地域の中小・零細企業の協同化および集約化が生まれた。集約化は、特定の市場セグメント・ライン、たとえば、メンズ・ファッション、婦人のファッション、あるいはスポーツウエア、に従って組織化される傾向にあった。これらのグループの中で最大のものは *Bassio Poronta Moda* という名前で、50社以上が参加した。それ以外では、*MIT* と *Americanino* が名を知られている（Cook and Morgan 1994, p.107）。集約化の過程の結果、大企業による中小企業の買収と統合も起きた。このトレンドは、中小・零細企業のフレキシブル生産のネットワークのある部分は、段階的に階

層的な生産コントロールに置き換えられることを意味していた（Economist 1999）。もちろん、この傾向にはっきりとした根拠があるわけではない。しかしながら、エミリア・ロマーナのニットウエア産業が、グローバル競争で生き残るためには、新しい形態の企業のコラボレーションやアライアンス戦略を、機能と地理的テリトリーを越えて組織化する必要があった。

4　多国籍企業と中小企業のローカル・ネットワークの連結

　1980年代には、バーデン・ヴュルテンベルクとエミリア・ロマーナは、成長性を秘めた地域経済の代表例として、「地域で構成されるヨーロッパ」の未来モデルと期待されていた（Amin 1993, p.279）。両地域とも、地域経済研究の優れた例を代表していたので、多くのケースが書かれた。とくに、前者は大企業と中小企業の垂直統合の事例、後者は中小企業による自己組織的ネットワーク経済の事例として取り上げられた。しかしながら、1990年代には、両地域ともグローバル競争と欧州連合の統合に直面し、以前のシステムを変革する必要があった。バーデン・ヴュルテンベルクは以前の垂直統合的生産システムから、よりフレキシブルな「リーン生産システム」へ転換し、下請けに依存するようになった。エミリア・ロマーナは、機能と製品ラインによる中小・零細企業の協同化と集約化を志向した結果、階層的統合が生まれた。この2つの地域に共通する点は、以前の中小企業のローカル・ネットワークがテリトリーや国境を越えて拡大し始めたことである。情報技術（IT）の発達と航空貨物便の発達により、「ジャスト・オン・タイム」のスケジュール管理の下で、遠隔地にある外国の供給業者からの国際購買が可能になった。同時に、CAD/CAMとインターネットの発達により、遠距離に立地する第一次供給業者が参加する同期的ないし協働的開発が促進された。さらに、地域経済の発展は、しばしば地域の銀行の金融能力によって制約された。モデナ地区では、中小・零細企業は中央政府による金融支援と地元の小さな銀行によるファイナンスだけが頼りで、融資に限界があった。イタリアでは、国のレベルでも地方のレベルでも、リスクを引き受ける資本市場が未発達で

あった。しかも地元の小さな銀行は外国の大規模銀行に買収される危険に晒されていたのである。

このようにして、1990年以来、グローバル経済に参加ないし繋がりを持つことは、ヨーロッパのどの地域経済にとっても緊急課題になった。不幸なことに、1980年代に最も成功したモデルであったバーデン・ヴィュルテンベルクとエミリア・ロマーナは、1990年代には深刻な問題に直面するようになった。バーデン・ヴィュルテンベルクは、卓越した知識ベースとビジネス支援システムを装備していたが、素早く「リーン生産システム」を吸収し、地域経済を下請けの分権的なネットワークへと再構築した。ドイツの自動車産業における内製率は劇的に低下し、第一次供給業者との同期的開発は増加した。しかしながら、この地域の卓越性の大部分は州政府と公的支援の貢献によるものである。その結果、この地域のシステムはグローバルに開かれたアーキテクチャというより、国家志向の傾向が強い。別言すれば、ドイツの産業ならびに経済システムは、ソニー、IBM、ヒューレット・パッカードといったグローバルな電子機器会社があったにもかかわらず、外部者に閉ざされたシステムの傾向が強かった。トランプ（レーザー裁断技術）のような若干の世界クラスの企業を除く、ドイツの工作機械メーカーは、日本の「リーン生産システム」に脅かされている。バーデン・ヴィュルテンベルクの未来には一種の不安がある。それは、1970年代のルール地方の経済衰退が、鉄鋼業界の「機能的ロックイン」現象と、それと密接に関係するルール地方の「制度の厚み」の構造とのタイトなカップリングに由来していたからである（Grabher 1993, p.260）。バーデン・ヴィュルテンベルクが「ローカリティ」を強化するのなら、その運命はルール地方と同じであろう。しかし、ヨーロッパの地域経済の中心の一つとして、この地域はグローバル経済が求める「オープン・アーキテクチャ」に向かって進むだろう。

他方、エミリア・ロマーナのニットウエア産業は、バーデン・ヴィュルテンベルクの産業よりも困難な課題に直面する。激しいグローバル競争の下で、モデナに立地する主要な企業は、他のヨーロッパ地区を含む低賃金地区に生産場所を移転し始めている。この動きは、フレキシブルな家内工業システム

第 3 章　多国籍企業によるローカル経済のグローバルな連結

の土着的ネットワークによって支えられてきた「ローカリティ」を解体に導く。事実、大企業は CAD/CAM システムを通じて小規模製造企業を彼らの生産計画に統合する結果、大企業と小企業の協同化が進んでいるのである。この「集約化志向」(group-orientation) は、大企業による情報の占有化が進んだ兆候であり、立地優位（L）が内部化優位（I）によって取って代わられたことを意味している。

　地域経済はグローバル経済とのリンケージを必要とする。地域経済は多国籍企業を惹きつけ、投資と（O）優位の移転を引き出す。中小企業によるローカル生産のネットワークが外国企業にも開かれたデザインなら、多国籍企業は「過剰な内部化」状態と利益にならない過剰な直接投資を避けることができる。他方、中小企業のローカル生産ネットワークが少数の地元の大企業によって垂直統合され、排他的性格を持つのなら、多国籍企業は、ある範囲において、生産プロセスを内部化し、地域における内製率を高めなければならない。この（内部化）戦略は、土着の競合とコンフリクトを起こしやすく、外資に対するナショナリスティックな敵対心を呼び起こす。どんな状況が起きようとも、戦略としての「過剰な内部化」は多国籍企業とローカル経済の双方にとって、最悪の選択に違いない。この場合、正しい答えは、この地域のローカル経済をグローバル経済に対して「オープン・アーキテクチャ」にリデザインすることである。

　一方、中小企業のローカル生産ネットワークが弱々しくて未発達な時、つまり「制度の厚み」が不十分な場合、中央政府ないし地方政府はインセンティブ政策によって外資を誘致する。しかしながら、そのような場合、多国籍企業は必要な品質を満す部品を調達できなければ、社内での生産に投資しなければならない。そのような状況下では、その地域に所在する子会社はグローバル生産の連なりに完全に統合されなければならない。この結果、ローカル経済の運命は「支店経済」である。ローカル経済の「尊厳」（自立）を保つためには、中小企業のローカル・ネットワークを育成し、当該地域の産業支援のための「制度の厚み」をもたらす政策が必要になる。中央政府と地方政府によって提供されたインフラストラクチャの最も優れた事例はバーデ

57

ン・ヴィュルテンベルクである。

むすび　垂直統合に代替する「ローカル生産のネットワーク」

　以上で述べたように、多国籍企業のコア・コンピタンス（O）、立地のダイナミックな動き（L）、および「内部化」（I）の間には複雑な補完関係がある。所有優位はローカル経済の中小企業による「ローカル生産ネットワーク」のような立地優位に依存する。つまり、最高級の品質と技術的完成度の高さがメルセデスやポルシェのコア・コンピタンスだが、それはローカル供給業者の能力（部品やコンポーネント、工作機械、環境機器などを含む）に深く依存している。アウトソーシングないし中小企業のローカル・ネットワークは、「リーン生産」思考によって刺激された（Womack and Jones 1996）。多様な製品のフレキシブルな生産、頻繁なモデルチェンジ、少ない在庫といった手法が、グローバルな生産戦略の共通項となった。多国籍企業のコア・コンピタンスを研究してきた経営史家は、これから（O）、（L）、（I）優位性の複雑な構造の研究に着手しなければならない。
　（O）、（L）、（I）優位性が企業を取り巻く現代のビジネス機構と融合するとき、様々な経済現象が発生する。ある場合には、地域経済の発展は多国籍企業の生産システムのグローバルな連なりに結びつくことによってもたらされる。しかし、ある場合には、地域経済と多国籍企業の関係は対立的で、搾取的な性格を持つかもしれない。国際経営史学者の新しい課題は、どのような条件下で、（O）、（L）、（I）の優位性が、ローカルな環境条件である社会的、文化的および政治的な要素にうまく適合できるかを探求することである。この目標を達成するためには、地域経済の発展と多国籍企業の直接投資の関係を深掘した研究がなされなければならない。こうした研究は、多国籍企業に対する地域経済の政策を再構築し、地域経済のグローバル化を推進するための知識を提供する。

　謝辞：本論文は1999年3月17日に、英国レディング大学経済学部で開かれた「経

営史研究会」（International Business History Workshop）で報告した原稿に基づいている。主催者のG.ジョーンズ教授（現ハーバード・ビジネス・スクール教授）、M.キッピング・シニア・レクチャラー（現カナダ・ヨーク大学チューリッヒ経営大学院教授）に感謝したい。

注

（1） 最近完成した日本のスーパーコンピュータの「京」は、演算速度は1秒間に1兆の1万倍である。これを使うとN＝20財の計算は10億分の1秒、N＝30財で0.002592秒、N＝60財で3.08秒、N＝80財で3,570年となる。コンビニ店で販売している商品は1500〜2000財である。われわれの頭脳がコンピュータのような方法で、最適な組合せを求めて買物をするとすれば、日が暮れる。

第4章　日系企業の米国立地戦略
―― マネジメント・スタイルと立地選好の関係 ――

1　日系企業の対米直接投資と立地選択

1.1　日系企業の立地選択の変遷

　本章では、日系企業のアメリカ合衆国における立地選択行動のダイナミズムに関して分析をする。日本企業の対米投資、とくに製造業に対する直接投資は、1970年代から家電産業を中心に活発化した。1980年の中頃以降になると、自動車、半導体・電子機器、精密機械など、日本の比較優位産業の進出が出そろい、直接投資が急増した。1990年代に入ると、大型投資を補完する部品産業の進出が活発化し、いわゆる裾野産業が定着した。裾野産業が大挙して北米進出をしたのは、日系の大手組立加工型企業がジャスト・イン・タイム（JIT）に特徴付けられる日本的生産システムを導入した結果であるとされる（Kenney & Florida 1992, 1993）。とくに自動車産業においては、日系部品企業は、アメリカの同業者とともに日系自動車メーカー9社（アッセンブル）を支える形で産業集積を形成するようになった[1]。

　こうした日本の対米直接投資は、米国の地域経済の発展に大きく貢献した。ケニーとフロリダ（Kenney & Florida 1992, p.24）の調査によると、1980年代に米国の自動車部品会社約15,000社のうち250〜300社は海外進出などで工場閉鎖したが、同時期に日系自動車部品会社269社が米国進出した。つまり、日系の自動車産業は、米国自動車産業が競争力を失い、コストの安いメキシコやその他の国に転出した後の空洞を埋めただけではなく、米国製自動車の品質更上と輸出にも貢献したのである。

　日本企業の対米投資は、技術移転により80年代の米国企業の衰退に梃入

れしただけでなく、米国の産業空洞化を救ったことになる。また立地選択の過程で、それまで主要な産業のなかった州や、衰退した工業地帯を抱えた州の経済再活性化にも貢献した（O'Huallachain & Reid 1996；Ulgado 1996；Shannon, Zeile & Johnson 1999）。

　日系企業がどのような立地を選好するのかという研究は、対米直接投資が活発化した80年代の後半から積極的に行われるようになった。日本の対米直接投資は、80年代初頭までは、カリフォルニア州を中心とする太平洋岸に集中していた（Friedman et al., 1992；Head et al., 1995；日本貿易振興会編 1985）。これは、初期の対米進出が輸出販売を中心に展開された関係上、完成品の荷揚港がロサンゼルスなどの太平洋岸の主要港に集中していたからであると説明されている。それに対し、ドイツなどのヨーロッパ企業は東海岸を拠点として直接投資を開始している（Ulgado 1996）。つまり、日本の初期の対米投資パターンは「地理的近接性」によって説明できるのである。

　80年代中頃以降になると、日系の自動車会社の中西部進出に象徴されるように、日本の直接投資は次第に内陸部や南部諸地域を目指すようになった（Mair et al., 1988；Reid 1990, 1991；Rubenstein 1991；Kenney & Florida 1992, 1993；安保 1994, Abo 1994；岡本編 2000）。また90年代になると、ハイテク企業の進出を中心に、研究開発志向の強い地域に進出するようになった。この新しいクラスターの出現は、それまでの立地選択のパターンとは著しく異なる様相を示した。

　このように、日本の対米直接投資は、70年代には太平洋岸の主要都市に集中していたが、80年代後半から90年代になると中西部から南部地域に伸びる国道75号線と65号線に挟まれた回廊に自動車産業集積を形成するようになり、さらには90年代にはハイテク産業を中心に太平洋沿岸、南部地域、および東部沿岸地域に製造・研究開発拠点を広げていった。こうして、2000年までに、日系企業は、北米およびメキシコを含む、NAFTA全域に広がった産業立地を包括的に活用する戦略的立地ビジョンを習得した。

第4章　日系企業の米国立地戦略：マネジメント・スタイルと立地選好の関係

1.2　これまでの研究成果

　本章における、われわれの問題意識は、日本的経営の特質が産業立地の選択にさいしてどのように作用したのかという点である。北米における日本企業の立地選択に関しては、かなりの数の調査研究があるが、特定の産業や業種に偏っていて日本企業の全体像が見えにくい（安保 1988；安保ほか 1991；Abo 1994；岡本 2000）。従来の研究は、日本の比較優位産業である電機・電子、自動車産業に偏っていて、それ以外の日本企業の立地選択のあり方がよくわからないのである。しかし、限られた調査数であるのにもかかわらず、電機・電子産業と自動車（部品も含む）産業とでは、立地選択に大きな違いがあることが指摘されている（安保 1991；岡本 2000）。おそらく、それ以外の業種では（少なくとも自動車産業との間に）大きな違いがあるものと推測されるのである。

　ここで、われわれの基本的な問題意識ないし仮説について簡単に述べておきたい。外国企業が、進出国のある地域を永住の地として定める理由は、気まぐれや偶然が支配するものではないだろう。立地選択は、企業の戦略ビジョンとマネジメントの特質を如実に表すものである。そこには、戦略的に考え抜かれた市場攻略の見通しと、製造に関する綿密なプランがあるはずである。逆の見方をすれば、立地場所の選択理由を丹念に精査すれば、その企業の戦略ビジョンが見えてくるはずである。その意味で、企業の立地選択は企業の経営戦略思想を雄弁に語るものと考えられる。この「立地選考があぶり出す企業の戦略思考」というアイデアが、われわれが研究に着手した理由である[2]。

　ところが、従来の産業立地研究は経済地理学者によって行われることが多く、少数の例外を除くと、企業の戦略的決定に踏み込んだものは少ない。経済地理学アプローチが着目する立地選択の変数は、伝統的に、「市場への近接性」、「労働市場の有無」、「州政府の誘致」、「収税と個人所得税」（Friedman, Gerlowski & Silberman 1992；Ulgado 1996）、「一人当たり所得」、「製造業の集積度」、「賃金水準」、「労働組合の組織率」、「交通インフラの整備状況」（Coughlin, Terza & Arromdee 1991）、「顧客の立地」、「田園地帯・工業地帯」

（O'Huallachain & Reid 1996）といった外的変数であった。

　これらの変数は投資環境に関わる外生要因（extrinsic）であり、企業が操作可能な内生要因（intrinsic）ではない。したがって、米国の米国企業、日本企業、および欧州企業による立地選択に関する比較研究が行われても、ただ相違が存在するという指摘があるだけで、なぜその違いが生まれたのかは説明されない（Coughlin, Terza & Arromdee 1991 ; Friedman, Gerlowski & Silberman 1992 ; Head, Reis & Swenson 1995 ; Ulgado 1996 ; O'Huallachain & Reid 1996 ; Shannon, Zeile & Johnson 1999）。多国籍企業の立地選択のダイナミズムを理解するためには、経営内部に存在する諸要因と外部環境に存在する諸要因との間の相互作用が明らかにされなければならない。

　以上の観点に立つと、われわれは経済地理学的アプローチと経営学的アプローチに橋を渡す新しい分析枠組みを必要とすることがわかる。多国籍企業の立地選択と企業特殊的優位性の関係を体系化した理論は、ダニングの折衷理論に見ることができる。われわれは、ダニングの折衷理論を再構成して、立地選択のダイナミズムを究明するための分析的枠組みを提示する。次に、ダニングの折衷理論の鍵概念、すなわち、所有優位（O）、立地優位（L）および内部化優位（I）の3概念を、経営学の観点から再定義する。

2　課題の定式化と分析枠組み

2.1　ダニング理論の再編成

　多国籍企業の理論の中で、最も包括的で、幅広い発展可能性を秘めているのが、ダニングの折衷パラダイムである。折衷パラダイムは、所有優位（O）、立地優位（L）、および内部化優位（I）の3つの経済学的概念によって企業の国際生産を説明することは前にも述べた。それぞれの優位性は、理論的に異なるパラダイムに基づいていて、並列的（juxtaposition）である。ダニングの示唆に富む論文では、必ずしも3変数を相互に独立の変数とは扱っていないが（Dunning 1992）、経済学の概念として見るのなら、3概念は相互に独立したパラダイムを構成している。これが彼の理論が「折衷理論」とか

第4章　日系企業の米国立地戦略：マネジメント・スタイルと立地選好の関係

「応用経済学」と呼ばれるゆえんである。

われわれは、ダニングの3つの優位概念を経営学的な用語に置き換えることにする。「所有優位」は、企業が保有する固有の知識、いわゆる「コア・コンピタンス」である。前章で述べたように、「立地優位」は、立地場所が保有する「埋設された社会的な知のネットワーク」（'embedded' social network of knowledge）と解釈する。内部化優位は、企業内部および系列グループによる部品や原材料の内製率、および研究開発、物流、販売、財務機能など経営諸機能の統合度合（インテグレーションの程度と特質）と言うことができる（Yasumuro 2000）。

ダニングの3変数を経営学的なタームに置き換えると、3変数は複雑でダイナミックなネットワークを構成することがわかる。この3変数を媒介するのが、その企業に固有のマネジメント・スタイルである。この3変数の関係を、ここでは「ダニングのトライアングル」と呼ぶことにする（図4-1）。

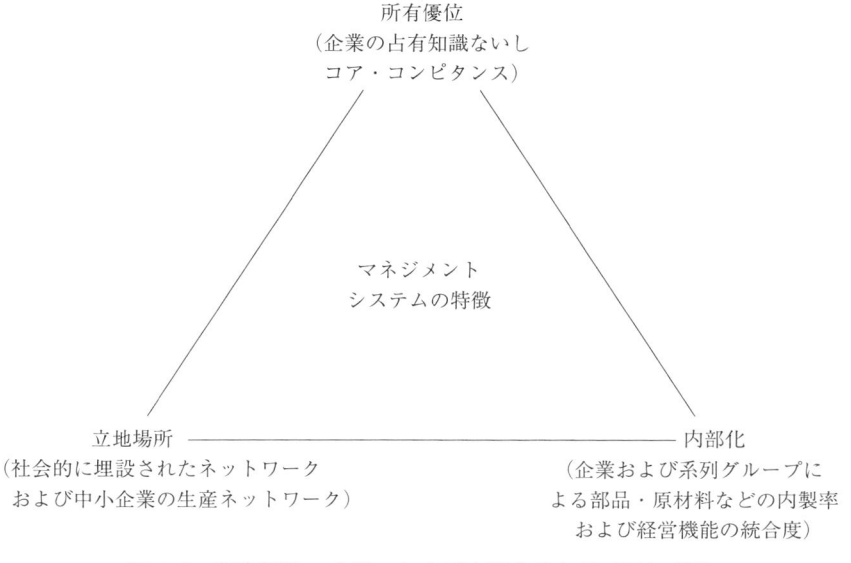

```
                    所有優位
              （企業の占有知識ないし
                 コア・コンピタンス）


                    マネジメント
                    システムの特徴


  立地場所 ─────────────────────── 内部化
（社会的に埋設されたネットワーク    （企業および系列グループに
  および中小企業の生産ネットワーク）  よる部品・原材料などの内製率
                                    および経営機能の統合度）
```

図4-1　所有優位、立地、および内部化のトライアングル

2.2　日本的なものづくりのコンセプト：「インテグラル」アプローチ

　次に、「ダニングのトライアングル」のマネジメントへの含意を説明する。ここでは、製造業を念頭に置いてモデルを作成する。製造プロセスの理念型として、次に示す 2 つのアーキテクチャを提示したい。すなわち「ディファレンシャル」(*differential*)[3] と「インテグラル」(*integral*) である。この 2 つの理念型は、それぞれ異なる製品技術と製造プロセスの優位性を持っている。まず、その所有優位の違いについて説明する。

　「ディファレンシャル」とは、基本的に、経営諸機能を標準化し、その機能と機能の接続面（インターフェイス）をオープン・アーキテクチャ (*open architecture*) によってデザインするシステムの総称である（藤本 1997, 2000, 2001；国領 1999；竹田 2000, 2001）。同時に、製造プロセスも、一つ一つの製造ユニットが標準的なデザインに基づいて設計され、ユニット間は標準化されたインターフェイスによって結合されている。したがって、部品やコンポーネントは、オープン・モジュールに基づいてデザインされ、コモディティーとして大量に販売されている。したがって、「ディファレンシャル」は経営機能の一部やモジュールを内製しないで、アウトソースから調達することができる。

　「ディファレンシャル」の欠点は明瞭である。製品やサービスは、標準化された経営機能や、部品・コンポーネントの組合せから作られるため、製品やサービスそれ自体にはユニークな特徴を持たせることが難しい。したがって、製品差別化が困難であり、低価格を志向することになる。

　他方、その製品やサービスの強みは、基本的にオープン・アーキテクトでデザインされているため、どのようなシステムとも結合が可能なことである。つまり、ネットワーク性能に優れている。したがって、世界中のサービス提供会社や部品会社から、ソフトウェアやモジュールを安価に調達できる。B2B の取引やサプライ・チェーンに適した生産システムである（国領 1999；藤本 2000）。

　「ディファレンシャル」による製品やサービスが平凡なものになりやすい理由は、市販のモジュールや部品の組合せにある。最初から、統合的な設計

第 4 章　日系企業の米国立地戦略：マネジメント・スタイルと立地選好の関係

にしたがってシステムをデザインしない結果、製品やサービスに個性的な特徴を出しにくい。様々な経営機能や部品・コンポーネントを、インターフェイスを共有することで接続可能にするためには、各々のモジュールのキャパシティーにかなりの程度のリダンダンシーを見込んでおかなければならない（国領 1999）。リダンダンシーの許容が、システム全体をスムースに機能させるための前提条件となる。つまり、システム全体に大きな無駄や遊びを許容しておかないと、システムが期待通りに機能できないのである。その結果、アッセンブリー企業が製品開発するさいに、モジュール製造会社にどの程度までリダンダンシーを許容してもらえるのか（リダンダンシーはコスト増加の原因になる）、各種モジュールの設計仕様をどこまで統合化できるか（戦略パートナーがどこまで協力してくれるか）が、システムの性能に限界を課すことになる。事前の調整がある程度可能なら、製品に差別的な特徴を付加することも可能になる。しかし、その調整コストが過大になれば、垂直統合型の企業の方が優位になる。そうした限界があるので、「ディファレンシャル」は低価格の標準品を志向することになる。

　以上のように、「ディファレンシャル」の基本戦略は、モジュールのインターフェイスの国際標準化を推進することによって、モジュール生産企業に量産効果をもたらすことである。量産によりコストダウンが可能なら、リダンダンシーを含んだ（無駄の多い）モジュール設計が許容される。つまり、標準化による大量生産とコストダウンが最大の武器ということになる。

　他方、「インテグラル」は、システムのエクステンションよりも、製品やサービスそれ自体に差別的特徴を持たせることを意図している。「インテグラル」は、一企業ないし系列企業グループの内部で、密接な人的ネットワークを創り出し、無数に発達した非公式なコミュニケーション・ルートを通じて経営諸機能を自律的に調整し、逐次的に製品開発を進めていく（Womack, Jones & Roos 1990 ; Womack & Jones 1996；藤本 1997）。製造プロセスの各ユニットは、機能的に細分化されることが少なく、インターフェイスも標準化されていない。製造プロセスには、地場の中小企業の生産システムが複雑に取り込まれており、それ自体が一個の「機能的な塊」（functional conglomerate）を

構成している。

　したがって、アッセンブリー企業を中心に企業グループ内でだけ通用するインターフェイスが採用される（純正部品仕様）。電子商取引の仕組みもグループ内だけで通用するものがデザインされる。部品・コンポーネントは、基本的に純正部品やクローズド・モジュールとして設計され、他社製品との交換可能性や接続可能性は制約される。つまり、系列企業グループ内では、インターフェイスの共有化が行われるが、外部のシステムとは繋がらない。システム全体がクローズド設計になっている。したがって、B2Bのようなグローバル調達システムには参加できないし、その意思も持たない。

　「インテグラル」の強みは、その独特の設計思想に基づく差別的な製品・サービスの提供にある。「インテグラル」は、設計段階からリダンダンシーを許容せず、ファインチューニングされた超微細設計を志向する。製品ごとに、部品・コンポーネントから開発され、図面が起こされる。したがって、見事な軽量化・コンパクト化された製品が生産されるが、往々にして生産コストが高くなる。しかも、他のシステムとの接続が制限されるので、消費者に使用上の不便がもたらされ、「スタンドアローン」（ネット適性の欠如）になってしまう危険もある。

　この2つのアーキタイプの戦略目標は明白である。前者は製品やサービスの差別的な魅力を減じても、ネットワークへの接続可能性を拡大しようとしている。後者は、ネットワークへの接続を制限してでも、製品やサービスの差別的特徴を最大化しようとしている。大まかに言って、前者がアメリカ的生産のアーキテクチャ、後者は日本やヨーロッパの企業が志向しているアーキテクチャと言えよう（国領1999；藤本2000；竹田2001）。

　ここでは、「インテグラル」なものづくりを基盤にしたマネジメントの体系を「日本的経営」と想定する。このインテグラルなアーキテクチャが、立地選択にさいしてどのように作用するかを検証したい。

2.3　マネジメントのタイプと立地場所との親和性

　企業固有の知識ないしコア・コンピタンスから最大の成果を生み出すため

には、立地場所との相乗効果が重要になる（Porter 1998、第3章）。企業の知識創造は、組織の内部だけでなく、組織の外部から導入（学習）された知識にも影響される。組織の知識創造を重視する企業は、地場が持つ「社会的な知のネットワークの埋め込み」(socially 'embedded' network of knowledge) の発達した場所を選ぶ。

「社会的な知のネットワークの埋め込み」とは、地場に、大学、高等研究機関、応用技術開発センター、中小企業向け技術移転センター、工業専門学校（ポリテク）、商工会議所、中小企業の活発な生産活動、それを支援するベンチャー・キャピタルや投資銀行、中小企業振興に熱心な州の産業開発公社などが存在し、かつそれらが緊密な人的ネットワークによって結ばれていることを意味する（Granovetter 1985 ; Herrigel 1993 ; Cook & Morgan 1994；本書第3章参照）。外国企業が地場の知のネットワークを活用できるかどうかは、採用している製造プロセスのアーキテクトによって制約されるだろう。

進出企業の製造コンセプトが「ディファレンシャル」な特徴を持つ場合、大量生産システムが浸透した既存の産業集積場所を選択しても支障は少ないだろう。進出企業は、容易に標準化されたマネジメント・サービスやオープン・モジュールを調達することができるからである。アウトソースが利用可能なら、進出企業の「内部化」投資は少なくてすむので、投資金額を低く抑えることができる。その結果、直接投資の効率は良くなるだろう。

他方、「インテグラル」は、地場に産業集積があっても、それを上手く活用できないだろう。その理由は、企業の価値創造プロセスが特異な形にデザインされているので、既存の大量生産システムやそれに対応したアウトソースの利用が限られるからである。アメリカの産業集積は、基本的に大量生産システムに対応して発達してきた。したがって、経営機能サービスや部品・コンポーネントは、オープン・アーキテクトを基本として作られている。「インテグラル」にとって、市販されている部品やモジュールを採用できる範囲は限られている。それを内製化（内部化）するとすれば、必然的に投資規模は拡大し、立地場所の選択も慎重になるだろう。

日本企業の中でも、「ディファレンシャル」な製造方法を採る企業ならば、

アメリカの産業集積をより幅広く活用し、垂直統合による囲い込みや経営機能の統合度合を減少しつつ、外部調達を増やしていくだろう。これは、経営の「外部化」ないし外部経済（externality）の活用を意味する。他方、「インテグラル」は、クローズド・モジュールを志向するために、アメリカの産業集積をうまく利用できないだろう。したがって、「インテグラル」は、特殊な産業立地の選択方法、たとえば、日本の関連会社が集中して進出している場所やアメリカ的（大量生産による）産業立地を回避する行動に出るであろう。

　企業の製造プロセスが「インテグラル」であり、コア・コンピタンスが、標準化が困難な製造ノウハウや人に体現された熟練に依存する場合、その技術移転はたいへん困難である。こうした暗黙知の移転には、生産場所を通じた熟練者（experts）による未熟練者（local employees）への教育訓練が欠かせない。したがって、立地場所は、「インテグラル」という特殊なアーキテクトを受容しやすい地域、つまり異文化受容性の高い場所を志向することになる。その結果、「インテグラル」は、伝統的な東部の工業地帯を避け、新興の工業地帯であるカリフォルニア州、ケンタッキー州、テキサス州、ジョージア州のような地域を選好することになる。とくに、日本的経営の移転には、労働者の協力的態度が不可欠なため、戦闘的な労働組合が存在している（と信じられている）東部や中西部の伝統的工業地帯は敬遠されることになる。あるいは、市場への近接性（人口の大きな都市部）、デリバリーの効率性確保、合弁相手の立地場所などの理由で、伝統的な工業地帯が避けられない場合でも、労働運動の活発な中心立地を避けて、都市周辺の田舎町に工場を建設する傾向がもたらされる（Kenney & Florida 1992, 1993）。

　以上のように、「ダニングのトライアングル」のコンテンツは複雑であり、企業の戦略パターンや業種によって、多様なバリエーションが期待できる。以上が、これから調査研究を進める上での作業仮説である。

3 調査の方法

3.1 回答企業のプロファイル

この在米日系企業の立地選択に関する研究は、有村（Arimura 2001a, 有村 2001b, 2001c, 2002）の「米国における日系企業のダイバーシティ・マネジメント」に関する調査研究の一環として実施した。調査票は、1999年12月から2000年3月にかけて、北米に立地する3,733社の日系企業の中から、従業員数50名以上の企業1,168社を選び、アンケートを送付した。サンプル企業の選定は、1999年度版「海外企業進出総覧」（週刊東洋経済刊）によった。回答企業は109社であり、有効回答率は9.4％であった[4]。

3.2 調査結果の分析

日系企業の北米における回答企業のプロファイルと立地選択の理由は、表4-1～表4-6に示されている。重要性の測定は、リカート・タイプの5点尺度法によっている（1: not at all, 2: very little, 3: neutral, 4: considerable, 5: very important）。

海外子会社の規模としては100-499名が53.3％で、過半数を占めている（最大9,400、最小50）。他方、100名未満の比較的小規模なものが22.9％、500名以上の大規模のものが23.9％でほぼ同じ比重を占めている。自動車企業の子会社では9,400名のものがあったが、この調査に回答した企業全体を

表4-1　従業員で見た企業規模

従業員数	会社数	比率（％）
100名未満	25	22.9
100-499名	58	53.3
500-999名	14	12.9
1000以上	12	11.0
合計	109	100

表4-2　親会社の産業分類

Industry	会社数	比率（％）
農業水産	1	0.9
建設	1	0.9
製造	86	78.9
輸送・通信	2	1.8
金融・保険・不動産	2	1.8
卸・小売	12	11.0
その他サービス	5	4.5
合計	109	100

表4-3 設立年度

設立年度	会社数	比率（％）
1969年以前	5	4.6
1970-79年	13	12.0
1980-89年	55	50.5
1990-99年	36	33.0
合計	109	100

表4-4 所有戦略

出資比率	会社数	比率（％）
100％	75	66.8
50-99％	31	28.4
49％以下	3	2.8
合計	109	100

表4-5 設立方法

設立方法	会社数	比率（％）
新規設立（グリンフィールド）	86	78.9
買収	17	15.6
資本参加	6	5.5
合計	109	100

鳥瞰すると、比較的中規模なものが多いことがわかる。

業種は、第1位が製造業であり、78.9％を占めていた。日本企業の競争優位がサービスや金融よりも、製造業に集中する傾向を如実に示していた。第2位は卸・小売業の11％。そのほかの業種に属する子会社は、極めて少なかった。

設立年度は、1980年代が50.5％であり、半数を占めた。1990年代は33％を占めた。1970年代以前は16.6％だった。日本企業の北米進出が1980年代をピークとし、90年代に入っても増加したことを示している。

所有戦略で見ると、完全所有（100％出資）が66.8％で、最も多かった。次いで50％以上の多数所有が28.4％を占めていた。少数所有（49％以下）はわずか2.8％であった。日本企業の北米での所有戦略は、米国の多国籍企業の所有戦略と基本的に変わらないことがわかる。

日本企業は、海外進出にさいして、現地企業の買収（M&A）よりも、新規設立（グリンフィールド）を好むと言われてきたが、それが証明されている。回答企業のうち、78.9％が新規設立で進出している。買収・資本参加による進出は合計して21.1％であった。しかし、買収・資本参加が2割あったということは、日本企業の海外進出パターンの変化を示している可能性もあ

表4-6 回答企業における立地選択の理由

立地選択の理由	回答企業数	重要度の平均値	標準偏差
1. 物流および交通の利便性	100	3.94	1.12
2. 低労務費	100	2.98	1.11
3. 原材料の入手しやすさ	100	3.03	1.27
4. 会社の品質要求を満たす部品の入手可能性	100	3.01	1.27
5. 日本企業が数多く立地していること	100	2.26	1.11
6. 日本での顧客企業が立地していること	99	2.19	1.31
7. 消費市場に近いこと	100	3.38	1.35
8. この地域は技術水準が高いから	100	2.92	1.17
9. 戦闘的な労働組合がなく、労使関係が安定している	100	2.99	1.27
10. 労働組合結成の可能性が低いこと	100	3.06	1.29
11. 有名大学に近いこと	100	2.60	1.04
12. 専門家が雇用しやすいこと	100	3.37	1.13
13. 研究開発機関から科学者や技術者を雇用しやすいこと	100	2.65	1.22
14. 犯罪率が低く、外国人が住みやすいこと	100	3.03	1.17
15. コストが安価な工場立地	100	3.227	1.18
16. 物的インフラの整備	100	3.36	1.01
17. 情報インフラの整備	100	3.16	1.05
18. 金融市場への近接性	100	2.59	1.07
19. 合弁相手ないし提携先の米国企業が立地していたから	100	2.29	1.23
20. 日本の競争相手が立地していたから	100	2.02	1.05
21. 欧米の競争相手が立地していたから	100	2.04	1.00

り、今後の動向に注意すべきであろう。

　立地場所の選択理由では、単純集計で見る限り、最も重視されていたのは、「物流・交通の利便性」であった。次に重視されていたのは、「市場への近接性」、「優秀な人材の確保」、「安価な工場立地」、「物的インフラの整備」、「情報インフラの整備」、「金融市場へのアクセス」などであった。重要性の平均値で見る限り、「労働組合結成の可能性」や「戦闘的組合が少ないこと」は、あまり重要視されていない。以上は、アメリカで行われた実態調査とも一致している（Coughlin, Terza & Arromdee 1991 ; Friedman, Gerlowski, & Silberman 1992）。

　しかし、標準偏差の値に示されるように、回答にはかなりのバラツキがあり、単純集計では真の姿を知ることはできない。そこで、21項目の立地選

択の理由を、要素分析にかけて少数の項目に絞ることにした。さらに、回答企業をクラスター分析にかけ、幾つかのタイプに分類した。この方法によって、各々の回答企業グループが、どのような理由によって、現在の立地場所を選んだのかがより鮮明に把握できた。

4 立地選択の要因と企業のタイプ分類

4.1 立地選択の5要因

まず、21の立地選択の理由を因子分析にかけた。その結果を示したのが、表4-7である。表に示されるように、5つの要素が検出された。この5因子による説明力の合計は、63.52％であった。

第1因子は、「知識本位の立地選択」と名づけた。これは、「研究者や技術者の入手可能性」、「技術レベルの高い場所」、「優秀な専門家の雇用可能性」、

表4-7 因子分析の結果

因子	因子の名称	構成する動機	説明力（％）
第1因子	知識本位の立地	研究者・技術者の雇用 技術水準の高い地域 専門家の雇用可能性 有名大学が近い 情報インフラの整備 金融市場への近接性	24.426
第2因子	労働組合回避と低労務費立地	組合結成の可能性が低い 戦闘的労働組合がないこと 安価な労務費 安価な工場立地	16.949
第3因子	企業関係本位の立地	日本の競争相手が立地している 日本の取引先が立地している 欧米の競争相手が立地している 多数の日系企業が立地している	9.964
第4因子	調達本位の立地	原料が調達しやすい 物流・交通が発達している 会社の品質要求を満たす部品が入手できる	7.026
第5因子	物的インフラによる立地	物的インフラの確保	5.155

「大学の近く」、「金融市場へのアクセス可能性」、「金融市場への近接性」の6項目から構成されている。第1因子の説明力は、24.4％あり、最も大きかった。

第2因子は、「労働組合の回避および低労務費の立地選択」と名づけた。この因子は、「労働組合の組織化の可能性が低い」、「戦闘的労働組合が少なく労使関係が安定している」、「安価な労務費」、「安価な工場敷地」、の4項目からなっている。説明力は16.9％である。

第3因子は、「企業関係本位の立地選択」と名づけた。この因子は、「日本のライバル企業の存在」、「欧米のライバル企業の存在」、「日本の取引先の存在」、「日系企業が多く立地している」、の4項目から構成されている。因子の説明力は9.96％である。

第4因子は、「調達本位の立地選択」と名づけた。この因子は、「原料が入手しやすい」、「物流・交通の利便性」、「希望する品質の部品が入手できる」、の3項目から構成されている。説明力は7.02％である。

第5因子は、「物的インフラによる立地選択」と名づけた。この因子を構成するのは、「物的インフラが整備されていた」からの1項目だけである。説明力は、5.15％であった。

以上のように、日本企業の北米における立地選択は、その63.52％が5因子で説明できた。これはかなり高い説明力と評価できるだろう。

4.2　4つの企業クラスター

次に回答企業をクラスター分析にかけて、5因子との関係をグラフに表した。分析の結果、4つのクラスターが検出された。図4-2は、5因子とクラスターの関係を示している[5]。

タイプ1は、「大都市立地型」と呼ぶことができる。このクラスターには、23社が含まれる。23社中、7社（30.4％）がM＆Aおよび資本参加である。他のクラスターに比べて、M＆Aの比率が高い。

因子得点で見ると、知識ベースの活用、企業関係、および物的インフラの整備、を重視しているが、労働組合の脅威や労働コストについては最も関心

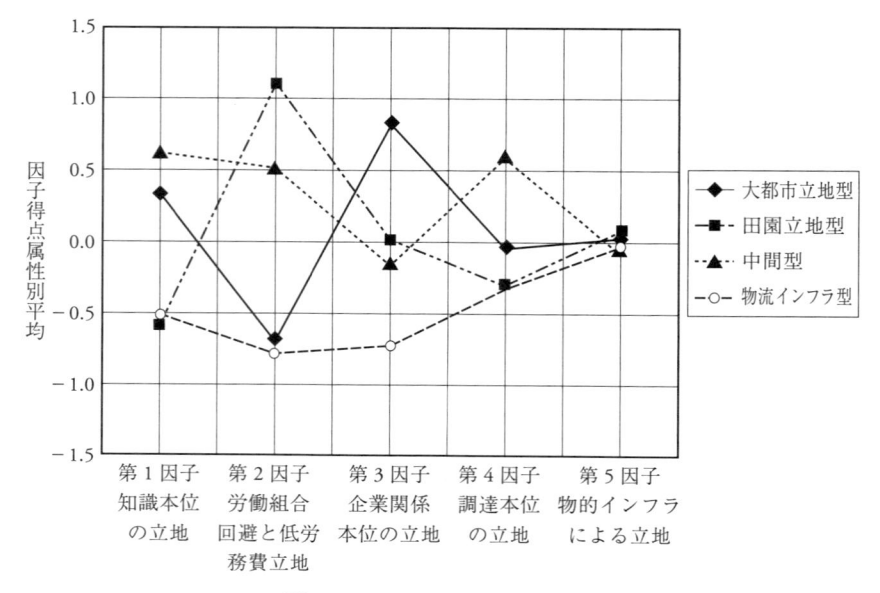

図4-2 クラスターの立地条件

が薄い。

　州単位で見ると、ニューヨーク（ニュージャージー州1件を含む）が8社、カリフォルニア州が4社、インディアナ州が2社であり、残りの9社は各州に1件ずつ散らばっている。ニューヨークに立地している8社のうち5社が非製造（コミュニケーション、金融・保険、その他サービス）である。製造企業16社のうち、10社は研究開発機能を持っていて、製造、販売、調達、パブリック・リレーションズなどの経営機能と統合していた。

　タイプ2は、「田園立地型」と呼ぶことができる。このクラスターは19社から構成されている。因子得点から見たこのクラスターの特徴は、労働組合の回避と低労務費に対する関心が非常に高く、次いで企業関係と調達に関心を払っている。他方、地場の知識ベースへの関心は非常に低い。M＆Aの比率は19社中3社（15.8％）であり最も割合が低い。

　立地場所を見てみると、ジョージア州が3社、オハイオ州が3社、インディアナ州が2社、ケンタッキー州が2社、テキサス州が2社、バージニア州

が 2 社、残りの 5 社は各州に散らばっていた。この立地分布から見て、労働権確立法（right-to-work laws）が施行されている州で、労働組合の組織化率が低く、低労務費の中西部および南部の北側が選好されている[6]。

このクラスターは 19 社中 18 社が製造業に属しているが、研究開発部門を持つ会社は 6 社に過ぎない。しかもパブリック・リレーションズなどのコミュニティーとの情報交流機能を持つ会社は 6 社、金融機能を持つ会社は 1 社に過ぎなかった。つまり、このクラスターは、安価な生産コストを求めて進出したトランス・プラントである可能性が高い[7]。

タイプ 3 は、タイプ 1 とタイプ 2 の中間に位置するので、「中間型」と呼ぶことにする。このクラスターには、23 社が含まれている。因子得点から見たこのクラスターの特徴は、最も知識ベースを重視し、品質の高い部品の調達を重視するが、労働組合活動や低労務費にもかなりの関心を寄せている。しかし、他企業との関係や物的インフラはあまり重視していない。Ｍ＆Ａの比率は、23 件中 4 件（17.4％）であり、さほど多くはない。

州単位で見た立地場所は、カリフォルニア州とオハイオ州が各 5 件で最も多く、次いでテキサス州の 4 件、イリノイ州の 2 件となっている。残りの 7 件は、各州に分散している。

23 社中、21 社が製造業に属し、13 社が研究開発機能を持っている。13 の研究開発機能のうち、11 は、製造、販売、物流、金融、パブリック・リレーションズなどの経営諸機能と統合化されている。

タイプ 4 は、「物流インフラ型」と呼ぶことができる。このクラスターには、22 社が含まれている。因子得点から見たこのクラスターの特徴は、物的インフラストラクチャーの整備状況を重視しているだけで、知識ベース、労働組合に対する警戒および労務費に対する関心は極めて低い。他企業との関連性も、他のクラスターの中で最も低い。Ｍ＆Ａの割合は、22 件中 4 件（18.2％）である。

立地場所を州単位で見てみると、カリフォルニア州が 6 件、イリノイ州が 3 件、ミシガン州が 3 件、テキサス州が 2 件、その他は各州に 1 社ずつバラバラに存在している。

22社のうち、製造業は15社であり、その中で研究開発機能を持つものが11社ある。その中で9社は、研究開発機能を製造、販売、調達機能と統合している。

5　4つのクラスターのマネジメント特性

次に、日本の親会社に対するインタビュー調査や公表された資料に基づいて、米国子会社の特徴を描いてみよう。

5.1　大都市立地型の特徴

大都市立地型（large city location）企業の多くが、ニューヨークおよび近隣の都市に営業統括機能を置いている。それらの事務所は、大型輸送機の仲介業務、金融格付け業務、貿易関係の受託業務、広告代理店、ハイテク機器のグローバル・エンドサービス、乗り物の輸入業務、自社製品の販売業務などを営んでいる。そうしたオフィスは、規模は比較的小さいが（従業員数で

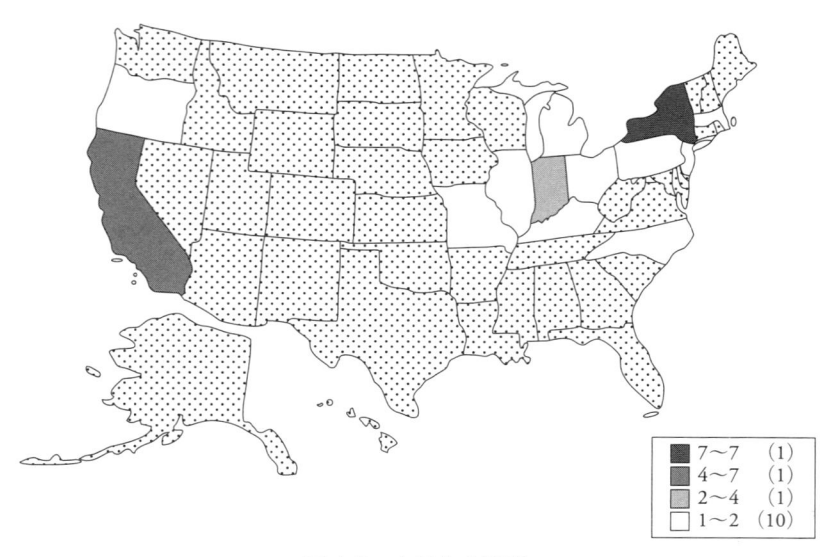

図4-3　大都市立地型

50名から145人）、知識レベルの高いナレッジ・ワーカーによって構成され、ブルーカラーの数は少ない。したがって、労働組合への警戒感や低労務費の必要性は少ないものと考えられる。

　研究開発部門を持つ10社は、1社を除いて、製造、流通・販売、調達機能と統合化されていた。したがって、内部化優位を幅広く活用していると解釈される。

　製造部門を持つ企業は、最大規模9,400人から、最小規模57名まで、幅広く分布していた（平均667人）。これらはハイテクに分類される事業が多く含まれている。たとえば、環境衛生機器、携帯電話、ゴルフのカーボンシャフト、精密測定機器、電子線照射装置、特殊ランプ、複写機の感光体、フロッピーディスクおよびカートリッジ、半導体の製造と販売である。また重化学工業のジャンルでは、薄板鋼板、特殊鋼、大型エンジン、合成ゴム、塗料などの企業が立地していた。

　他方、ローテクと考えられる企業は2社に過ぎなかった。1社は、食糧油の生産と販売に従事する小規模企業（ニューヨーク州、125名）、他は、自動車シートなどの内装関係（ミシガン州、600名）であった。つまり、「大都市立地」の特徴は、サービス機能やハイテク関連の事業が多く、部品産業やローテク産業が少ないことである。この特徴は、次の「田園立地型」と比較すると、際立った特徴であることがわかる。

5.2　田園立地型の特徴

　田園立地型（countryside）の企業の多くが、ジョージア、オハイオ、イリノイ、ケンタッキー、テキサス、バージニアなど、従来は工業過疎地と考えられていた州に工場を置いている。このクラスターの際立った特徴は、19社のうち14社（73.7％）が、輸送機器および自動車部品関連の企業であった。企業数を数えると、タイヤの輸入（1社）、接続ピン（1社）、フォークリフトと部品（1社）、自動車用部品（3社）、潤滑油（1社）、自動車用スイッチ（1社）、ワイヤハーネス（1社）、安全ガラス（1社）、プラスチック製自動車部品（1社）、カーエアコン用部品（1社）、ワイパーブレード（1社）、

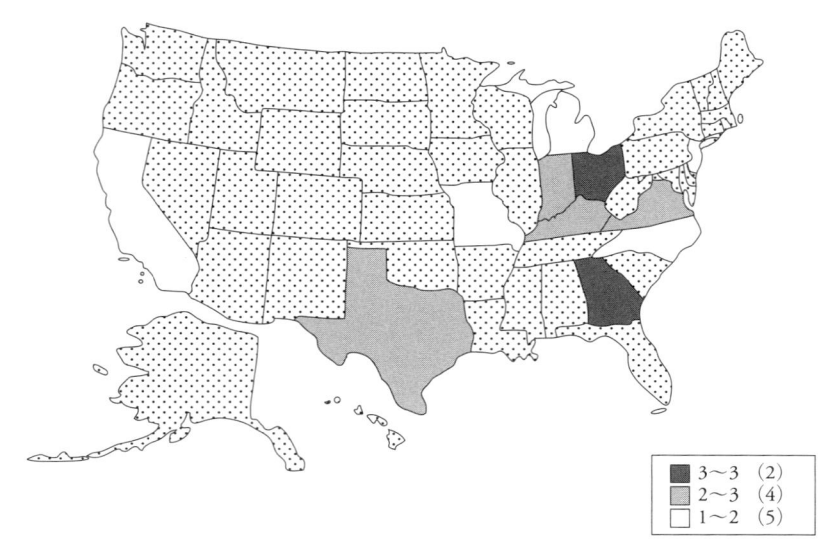

図 4-4　田園立地型

建設機械（1社）の製造と販売である。

　化学の分野では、印刷製版、硬質塩化ビニールシート、シリコーン、が各1社ある。それ以外の組立加工産業としては、重電機器の製造販売、複写機・レーザービーム・プリンターの製造販売が各1社ある。

　このクラスターは、タイヤの輸入販売を除く18社すべてが製造業に属するが、研究開発機能を持つ企業は、わずか33％（18社中6社）に過ぎない。したがって、内部化優位を広範に活用してはいない。従業員数では、最大が6,500名、最小が50名（平均695名）であり、企業規模は多様である。

　アメリカでの調査研究（Kenney & Florida 1992, 1993）で明らかなように、これら自動車部品工場の背後には、日系の巨大なアッセンブラーが存在する。日系自動車部品会社は、JIT式生産（ないしリーン生産方式）を求める日本の自動車メーカーの要請に従って、組立工場の近隣地域に立地したと考えられる。日本の自動車メーカーは、日本的な生産方式を移転するために、アメリカの伝統的な工業地帯を回避する傾向が強いことが指摘されている。したがって、部品産業もまた、日系自動車メーカーと同じ立地選好を持つと考え

第4章 日系企業の米国立地戦略：マネジメント・スタイルと立地選好の関係

られるだろう。つまり、「田園立地型」という選択は、日本の自動車産業（自動車メーカーと部品会社）に特徴的な行動パターンであることがわかる。

5.3 中間立地型の特徴

「中間型」（intermediate type）企業は、ある意味で、日本の北米進出企業の平均像を現していると言えよう。まず、23社中のうち21社が製造業であり、製造の比率が高い。23社中14社（61％）が、カリフォルニア（5社）、オハイオ（5社）、テキサス（4社）の3州に集中している。カリフォルニア州に立地している企業は、衣服、音響製品、電子機器、医療品、と業種が多様である。

オハイオ州に立地している企業は、自動車用熱交換器、自動車用照明機器、シート、自動車用防振ゴム、自動車用自動変速装置であり、全部が自動車部品関連である。

テキサス州は、フィルム、自動車用カークーラー、油井用鋼管、カーエア

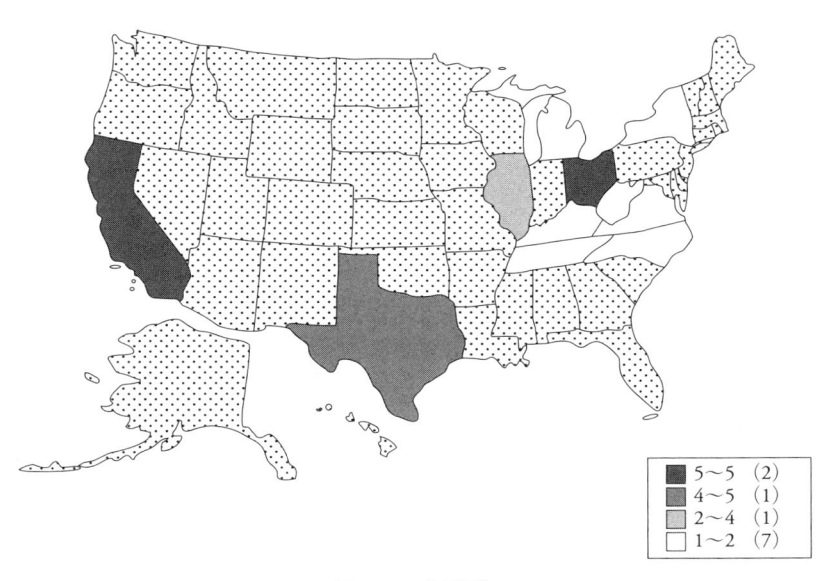

図4-5　中間型

5～5　(2)
4～5　(1)
2～4　(1)
1～2　(7)

コンの部品、である。つまり、半数が自動車関連の部品会社である。

イリノイ州に立地する2社は、伝導ベルトとタイヤ用スチールコードの製造・販売であり、自動車関連である。

その他の州に立地している企業は、プラスチック部品から鋼管に至るまで多様な業種に広がっていた。つまり、このクラスターは、オハイオ、テキサス、イリノイに立地する自動車部品関連の立地条件と、その他多様な業種の立地条件とが「混合」しているのである。その意味で、日本企業の平均像を現していると言える。

5.4 物流立地型の特徴

「物流立地型」（Physical infrastructure）の立地選択には理解しがたい部分がある。地場の知識のネットワーク、労働組合に対する懸念や低労務費に対する関心が低く、部品や原材料の調達可能性と物的デリバリーの利便性だけを重視している。

州単位で見ると、カリフォルニア州が最も多くて6社、イリノイ州が3社、

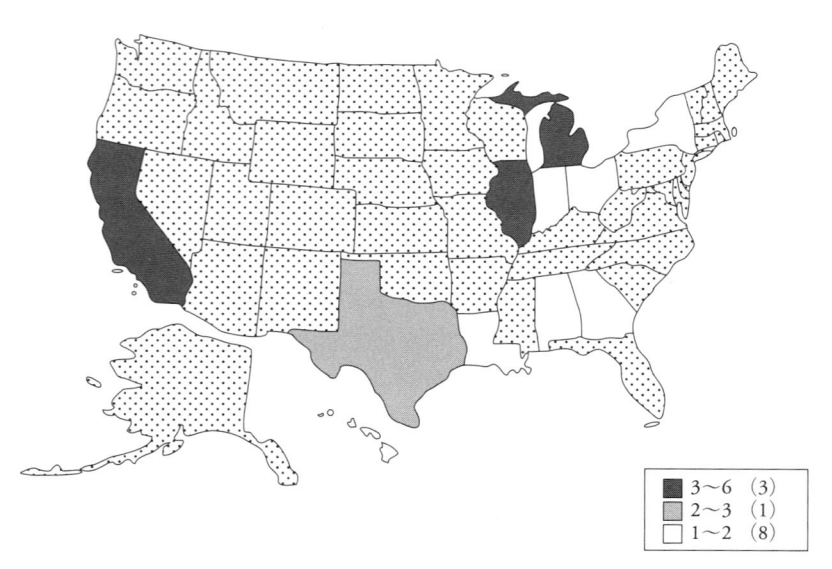

凡例:
- 3～6 (3)
- 2～3 (1)
- 1～2 (8)

図 4-6　物流インフラ型

ミシガン州が3社、テキサス州が2社、その他の州が8社となっている。おそらく、このクラスターの企業にとって、国内・海外からの部品調達のしやすさと交通の利便性、米国市場への製品・サービス供給拠点としての有利さが、競争力確保の重要な手段になっていると考えられる。

カリフォルニア州には、物理探査機、病理検診機器からファーストフードまで、じつに多様な業種が立地していた。イリノイ州は、穀物収穫、トイレタリーほかが立地し、ミシガン州は3社とも自動車部品会社であった。それ以外の州の企業は、化学からアルミ合金まで、多種多様な業種が立地している。つまり、業種から見た限りでは、前述の「中間型」と大差がない。

6 多様な立地選択が存在する理由

6.1 「ものづくり」のあり方と立地選択の関係

日本の自動車産業は、競争優位の源泉である製造技術や生産管理のノウハウを米国に移転するために、日本的経営が受容されやすい場所を選択したという（Kenney & Florida 1993）。1980年代の日本企業の風潮は、対米進出をするのなら、なるべく労働組合活動が活発でなく、異文化受容度の高い地域を選ぶべきという考え方だった（宍戸ほか、1980；日本能率協会編 1987）。1980年代のUAWは、日本車に対して敵意を剥き出しにしており、日本の自動車メーカーは労働組合の攻勢を怖れていた。そうしたことの影響が、この分析では「労働組合の回避」＝「田園立地の選好」となって現われたと考えられる。ただし、日系9社のうち、3社（NUMMI, Mazda, Diamond Star）には労働組合がある。これらは、すべて合弁である。3社のいずれもが、シングル・ステータスなどの日本的労働慣行を受容している。ただし、日系部品会社の96％は労働組合を持っていない（Kenney & Florida 1992, p.25）。

さらに、日系の自動車メーカーは、JIT式生産方式による製造技術を移転したために、多数の部品会社を日本から誘致する必要があった。この結果、地場に、アッセンブラーを中心とした生産ネットワークが作られた[8]。技術やマネジメント・ノウハウは、すべて本国から導入したので、地場の知の集

積を活用する必要は少なかった。むしろ、アメリカ的な大量生産の影響を受けていない中西部および南部地域の工業空白地帯が望ましかった。これが日系自動車企業の垂直統合戦略（内部化優位）を志向した積極的な理由と考えられる。

以上の立地選択パターンは自動車産業のクラスターに特徴的であり、すべての日系企業に当てはまるものではない。北米の事業統括機能や営業本部、各種サービス、およびハイテク産業は知の集積が期待できる東部海岸、太平洋沿岸、および南部の主要都市周辺に立地している。彼らは、「田園立地型」の企業とは、全く対照的な行動を示している。

両者の混合とも言える「中間型」もまた地場の知の集積や他の企業との関係を重視している。一方で、労働組合に対する警戒や労務費にもかなりの注意を払っている。つまり、「中間型」は日系企業の平均値的な行動を示していると考えられる。

最後の「物流立地型」は、物的インフラの効率を重視するのみで、その他の変数に対してはほとんど関心を示していない。これらの企業は、立地場所の選択に際し、なによりも物流システムの構築を重視しているものと考えられる。

それでは、なぜ自動車関連以外の日本企業は、立地選択が多様化したのだろうか。基本的には、少なくとも1990年代初頭までは、自動車以外の日系製造企業もインテグラルな製造方式を保持していたと思われる。ところが、1992年8月にNAFTAが結成され、ローカル・コンテントが義務づけられるようになると、現地での部品・コンポーネントの調達比率を高める必要性が生じた。とくに日系の家電・電子機器会社は、70-80％の現地調達率の達成に最大限の努力を払った[9]。

現地調達比率を高める上での最大のネックは、設計図面に使用される測定単位（ミリ／センチメートルの使用）にあった。日本から持ち込んだセンチメートルで書かれた図面をインチに替えるだけでは現調率の改善は望めなかった。現地調達率を引き上げるためには、最初からインチ単位で製品設計を行い、インチで作られた米国製部品を購入する必要があった。米国では、セ

ンチ規格の部品は特注品となり高価だったが、インチ規格（ISO 規格のネジなど）なら安くて高性能の部品がいくらでも手に入った。コストダウンを図るためにも、インチでの設計は不可欠だった。その結果、多くの部品やコンポーネントが、米国市場で購買可能な標準部品に置き換えられた。こうした経験から、家電、電気機械、および電子機器産業はインテグラルな物作りの考え方を残しつつも、可能な限り標準部品（オープン・モジュール）を利用する方向に設計思想が変わっていった。設計の現地化とともに、地場の知識をより活用するモジュール型生産の利点に気がついたといってよい。

　もちろん、「組立加工型」でない日本の企業、たとえば、化学、医薬品、食料、各種サービスは、はじめから地場の知の蓄積を活用するような「都市型立地」（ないし大都市郊外立地）を選択している。つまり、プロセス技術を使用する業種は、工程が自動制御化されているのでブルーカラー職種が少なく、したがって労働組合を回避しなければならない理由が強く働かない。それゆえ、原料志向のために農業地帯に立地する場合を除けば、工業過疎地に進出するメリットは少ない[10]。以上のように、組立加工型産業の中でも、とくに自動車産業が「田園立地」を積極的に選んだことがわかるのである[11]。

6.2　都市型立地の知識移転効果

　「田園立地」は、本国からの知識移転の効率化を優先するので、地場の知の蓄積や地場企業ネットワークの活用を軽視する傾向にあると言える。初期の進出段階では、田園立地の選択がもたらす潜在的なマイナス効果はほとんど目立たない。日系の自動車メーカーは、多数の日本人社員を派遣し、彼らのもたらす技術やマネジメント・ノウハウ（コア・コンピタンス）に全面的に依存した。高い日本人比率は、技術に関する日本の優位性を意味した。日系自動車メーカーのトランス・プラントは、日本のマザー工場に類似しているほど効率が高くなると考えられた（安保 1988、1994a、Abo 1994b）。したがって、この前提が有効な場合には、高い日本人比率と低いヒトの現地化率、日本的な労務慣行の導入が正当化された。しかし現実には、日本的労使慣行は期待されたほどの成果をあげていない[12]。

田園立地型企業においてヒトの現地化が進まない理由の1つは、田園地方には従順な労働者はいても、優れた技術者や管理者が不足していることが指摘できる。大都市ならば存在するエキスパートの労働市場が田園には存在しない。通常、専門家の労働市場は大都市や工業都市にしか存在せず、彼らは田舎（countryside）には転勤したがらない。専門家のコミュニティーから外れると専門能力や知識レベルを維持するのが困難になるからである。

　さらに米国の田園地方には進んだ技術を持った産業が少ないために、最新の技術やマネジメント・ノウハウを習得する機会が失われる。アメリカの大都市で進んでいる雇用機会均等法などの人事労務施策の実施は、田園地方では相対的に遅れている。このタイムラグが、日系自動車産業が米国の雇用問題に鈍感であったことの1つの理由と考えられる。田園立地は利点ばかりが強調されるが、現実には学習機能障害を起こしやすい構造を内包していると考えられる。

　しかも、日本的経営を重視する企業では、アメリカでマネジメントを経験してきた社員を、帰国後は工場勤務に戻すローテーション人事によって、彼らを国際ビジネスの場から遠ざけてしまうことが多い。この種の「人事慣行」は、キャリア形成を意図したものではなく、むしろアメリカ的経営の影響を受けた派遣社員を文化的に中和化する措置、つまり本国・本社の文化への復帰を促すことが目的であることが少なくない。しかしこの結果、彼らのアメリカでの学習体験は活かされることがなく、日本の組織文化に埋没してしまう。新たに派遣される社員は国際経験が乏しく、前任者と同じ誤りを繰り返してしまう。この種の人事ローテーションを行う会社は、何年経っても日本本社の「内なる国際化」が進まず、ヒトの経営現地化が遅れてしまう（安室 1992；吉原 1989, 1996）。内部化志向とその結果としての同質性が強くなるにつれ、異質な経営スタイルの許容が困難になる。

　他方、大都市型企業は、都市が情報のセンターであるという位置づけとともに、都市に集積した様々な知のネットワークを活用し、最新知識を装備できる可能性がある。しかも、北米全体を統括する本部（ヘッドクオーター）は、競争他社の導入した新製品、新サービス、新技術や新しいマネジメント

手法などを絶えずモニターしている。田園のトランス・プラント（組立工場）と北米統括本社とでは、知識や情報のインフローに大きな違いがある。このように、学習の機会と知の集約度という観点からすると、大都市立地には明らかなベネフィットが存在している（Moulaert & Gallouj 1993）。

　以上のように、日系企業の2つのクラスター、「都市型立地」と「中間」型は最初から知識の習得を目指して進出している。地場の知識の集積や知のネットワークを最大限活用しようとするので、多様な接触機会と学習機会が得られる。その典型が、アメリカのコンサルタント会社の起用である。多くの都市型立地企業は、大都市とその周辺に立地しているがゆえに、人事評価システム、管理会計システム、法務関係に関して、専門のコンサルタントの指導を受ける必要がある。都市型立地のアメリカ法人の責任者が、日本本社に戻って最高経営者（CEO）に就任したケースを分析すると、多くの場合、彼らがアメリカで起用していたコンサルタント会社の日本支社からも継続してサービスを受けていることがわかる。つまり、都市型立地や中間型の企業は、日本からの技術移転のルートだけでなく、アメリカから学ぶルートも確保しているようである。

　また、田園立地が、製造のノウハウや作業の熟練といった「暗黙知」を移転するために工場現場での協働を通じた訓練（OJT）を重視しなければならないのに対して、都市型立地はアメリカのマネジメント知識を文書やマニュアルに基づく「形式知」として学習することができる。したがって、都市型立地はアメリカから知識を吸収する手段として、子会社の経営現場を通じてではなく、むしろコンサルタントの支援活動を通じて学習している（Yasumuro & Westney 2001）。結果として、都市型立地や中間型の企業は、アメリカのコンサルタントを通じて、日本本社の経営を刷新し（内なるグローバル化の推進）、急速にグローバル企業に変身することができる（柳下 2001）。

　他方、田園立地型や物流立地型の企業は、技術移転のルートを持つだけで、アメリカから学ぶルートがうまく作れていないようである。彼らが、頑なに日本的経営を墨守するように見えるのは、ダブル・ループ学習を欠いているからであろう。

むすび　立地選択と棲み分けのロジック

　以上のように、米国における日本企業の特徴として指摘されてきた経営上の幾つかの特徴、たとえば、労働組合に対する回避的態度、低労務費志向、労使協調とシングル・ステータス、系列関係（日本の下請け会社）を軸とした垂直統合経営の米国への持ち込み、部品会社との共同開発体制、微細な設計によるコンパクト型製品開発、QCサークル活動の推進とチーム・スピリットの昂揚、などは、おもに「田園立地型」企業が志向する戦略であることがわかった。このクラスターを構成するのは、圧倒的多数が日系自動車メーカーと関連部品会社であった。つまり、日本の自動車産業は、「インテグラル」な製造技術体系を保持するために、特殊な産業立地（または産業集積の自己形成）を志向すると考えられる。

　しかし、2つのクラスター、すなわち「都市型立地」と「中間」型は、大都市が集積する「知のネットワーク」を求めて立地場所を選択する傾向にある。他方、「物流立地型」はロジスティック重視の戦略を展開している。

　以上の分析結果から、第一に、日系企業の立地選択には多様なクラスターが存在することを指摘したい。第二に、従来の日本的な立地選択と考えられた行動は日系の自動車産業に特有のものであり、必ずしも日本企業全体を代表していないこと。第三は、田園立地には、メリットとともにデメリットも少なくないこと。デメリットの克服にはインター・リージョナルな（北米地区全体に跨る）組織構造が必要になること。第四は、都市型立地には、米国のコンサルタントを通じたダブル・ループ学習が有効なこと（田園立地にはそれが欠ける可能性があること）を指摘したい。

　本章は、自動車産業に偏っていた日本企業の対米進出の研究に対し、俯瞰的な視角から分析することの必要性を提示した。日本企業の対米進出は、想像以上に多様化している。これは、日本的な製造方法、つまり「インテグラル」なものづくりから、外部資源を活用した「ディファレンシャル」な物作りに、日本企業の製造技術が変化したことが考えられる。つまり、日本の製

第4章 日系企業の米国立地戦略：マネジメント・スタイルと立地選好の関係

造企業における製造技術のアーキタイプの変化と、それに基づくマネジメント技術の多様化が、立地選択に大きな影響を与えている。そうした観点から、再度、米国における日本的経営の実態を点検する必要があると考えられる。

注

（1） たとえば、1994 年におけるトヨタ・モーター・マニュファクチャリング（TMM、ケンタッキー州ジョージタウン）の直接材料部品調達企業の形態別比率は、現地のアメリカ企業が 65％（153 社）、完全所有の日系企業が 17％（41 社）、日米合弁企業が 16％（37 社）、トヨタ関連企業が 2％（6 社）、合計 237 社であった。JIT システムはアメリカ企業を巻き込んだものであることがわかる（TMM U.S.A Inc. Information Kit 1995, p.17；熊谷 1996, p.150 から引用）。

（2） こうした問題意識は、今日的な研究領域区分では「空間経済学」と呼ばれる。ここで筆者が意図しているのは、グローバルな「空間経営学」としての多国籍企業論といったビジョンである。

（3） 英語論文では *differential* という概念を提示したので、そのまま用語として使用している。日本語表現では、ふつう「モジュール型」ないし「モジュラー組立型」と呼ばれている概念である。この用語を付けたのは、設計段階から、コンポーネントやモジュールを別個に設計し、後ほど全体の設計図に従って部分を接合する方式を総称するためである。

（4） 「フォーチュン」のダイバーシティ調査（1,200 社に送付）でも、有効回答率は 11.4％（137 社）であった。ダイバーシティ・マネジメントの調査では、だいたいこの程度の回収率であると言える。

（5） 4つのクラスターの間には、従業員数、設立年度による統計的に有意な差は検出されなかった。

（6） Kenney と Florida の調査（1992, p.25）によると、日系自動車部品工場の分布は、37％が田園部、28％が人口2万5千人以下の地方都市、11.2％が人口2万5千人以上の都市、15.9％が5万人以下の都市、7.3％が5-10万人以下の都市、15.9％が10万人以上の都市に立地していたという。さらに、日系自動車部品会社の96％は労働組合を持っていなかった。この数字は、日系自動車関連企業が、われわれの「田園立地」型であることを示している。

（7） Kenney と Florida（1992, p.25-6）によると、日系自動車部品会社の社員の83％は半径30マイル以内に住んでいた。従業員の 1/3 が会社勤務の経験があり、19％が以前に労働組合員であったという。つまり、従業員の 2/3 が

工業労働の経験がなく労働組合員の経験もなかった。米国の労働組合の影響やアメリカ式のマネジメント慣行に晒されていない人材を雇用する傾向が示される。

（8）　KenneyとFlorida（1992, p.26）によると、232の日系部品工場のうち、82％が日系自動車メーカーの技術者による現場サポートを受けていた。86％はQCサポートを受けていた。サプライヤーの2/3は、製品開発でアッセンブラーと協働している。

（9）　筆者の1992年9月30日から10月11日までのNAFTA調査による。インタビューした企業は、メキシコ輸出入銀行、メキシコ日産、三洋電機（マキラドーラ）、アメリカ松下電器（統括会社）、カナダ・フォルクスワーゲンおよびカナダ・トヨタ（TMMC）である（（財）関西生産性本部編『北米「自由貿易協定（NAFTA）」対応調査戦略』調査団報、1993年）。この時点で、ローカルコンテンツを満たすためには、センチ（cm）やミリ（mm）で書かれている設計図をインチに書き換える必要性が認識されていた。北米の地元ではインチで部品（ネジなどはISO規格のもの）が安価で大量に調達できたが、センチ・ミリの部品は特注品で高くついた。そのため、この時点ですでに、開発・設計段階からの現地化の必要性が認識されていた。しかし、開発・設計の現地化は将来の課題として残された。したがって、この時点で進出した日系部品メーカーは、日系自動車向けにセンチの部品、アメリカ自動車向けにインチの部品を生産するという「二重規格」を強いられることになった。これが日系部品企業の経営効率を低下させる原因になった。

（10）　一つの典型は、1973年にウィスコンシン州ウォールワースという田舎に醬油工場を設立したキッコーマンである。

（11）　こうした構造的欠点を補うために、日系の自動車メーカーは地域統括機能や研究開発拠点を大都市近郊やハイテク中心地に設置し、情報モニタリングや知識の吸収に努めている。この地域の産業集積を超えたインター・リージョナルなナレッジ・マネジメント、およびグローバルな知識共有のメカニズムが解明されなければならない。今後の研究課題としたい。

（12）　2001年1月に実施した、NUMMIにおける工場現場での聞き取り調査によると、職階級（デモケーション）を2つに区分するトヨタのやり方は限界に来ていることがわかった。つまり、アメリカの労使慣行であるセニョリティー・システムを残したまま、2職階システムを続けると、長期勤続

者ほど楽な仕事（たとえば来客接待の広報担当など）に移ってしまい、彼らの熟練が職場で活かせなくなることが目についていた。彼らをアッセンブル・ラインに留めるためには、アメリカ式の細かな職階区分と差のある賃金体系が必要になってきている。日本的な職場システムは思わぬ所で欠陥が露になってきていた。

第5章　総合商社の撤退による内部取引の外部化
——「市場形成型」直接投資の戦略的意図——

はじめに

　本章では日本の総合商社9社の1960年代から70年代にかけての対外直接投資（Foreign direct investment : FDI）を「市場形成型」直接投資という視角から分析する[1]。

　第一の課題は、19世紀における英国FDIを代表する「フリースタンディング会社」（free-Standing company : FSC）との比較を念頭に置いて、総合商社のFDI、とくに商社が出資参加する海外合弁事業の存在理由を理論的に説明することである。

　通説ではFSCは、その脆弱なマネジメント体質と貧弱な組織のために、長期間存続することができなかったとされている[2]。アメリカ企業は専門経営者と優れた組織能力の開発によって、海外での企業活動の永続化に成功したが、英国企業は専門経営者を持たなかったためにマネジメントの能力不足をきたし、海外事業に失敗したとされている（Chandler 1990）。この通説は一般に、英国企業の「経営アマチュアリズム」ないし「ミスマネジメント」として論じられてきたが、ジョーンズとシュレーターはそれに対して疑問を投げかけている（Jones and Schröter 1993, p.6-7）。われわれもまた、本論文で、この通説に対して反論を企てたい。つまり、英国FSCや総合商社FDIの撤退は、「マネジメントの失敗」ではなく、戦略的な選択の結果であったと主張したい。その理由を論理的に解明することが、本章の第1の目的である。

　次に第二の課題として、商社FDIの清算や撤退をカウントして、商社FDIの死亡率（mortality）を推定することである。ここでは1980年以前に設立さ

れた商社 FDI のうち、1995 年現在も生存しているもの（存続）と、すでに存在していないもの（清算および撤退）を識別する。調査の眼目は、各々の商社によって死亡率に違いがあるのか。規模、設立年度、業種、出資比率、立地国などの要因によって、死亡率に違いが現れるのか。それとも死亡率はこれらの変数に影響されることなく、9 大商社に共通した現象なのかを確認する。

商社ごとに FDI 死亡率に大きな違いがある場合、それは「マネジメントの失敗」（ないし個別商社における経営戦略の失敗）による可能性が高い。つまり FDI 生存率の高い商社は海外経営に成功し、死亡率の高い商社は失敗したと推測される。しかし 9 大商社がおしなべて高い死亡率を記録したのなら、商社がすべて同じ失敗に陥るとは考えにくいので、それは「戦略的選択」の結果であると推量される[3]。

第三の課題は、この推定死亡率に基づいて仮説を検証することである。分析結果については後に詳しく説明するが、商社 FDI の死亡率は 19 世紀英国 FSC と同様、極めて高い数値が得られた。9 大商社に共通して「高い死亡率」が見られたため、われわれは、この原因に「マネジメントの失敗」ではなく、ある種の「戦略的意図」（strategic intents）を認めるのである。その戦略的意図とはどのようなものであり、その合理性はなんなのか。これに対する答えが、われわれの言う「市場形成型」（market-making）FDI 仮説である。

まず、われわれの仮説を簡単に説明しておきたい。総合商社は、1960 年代から 70 年代にかけて膨大な数の FDI を行った。その多くは日本の中小企業との合弁（「二人三脚型」）か、それに現地側パートナーを加えた（「三人四脚型」）合弁事業であった（Yasumuro 1984）。しかし商社は、1980 年代から 90 年代にかけて、その多くから撤退した（日本のパートナーおよび現地への持分譲渡を含む）。この商社 FDI の撤退は、通常、マネジメントの失敗と考えられることが多い。その通説に対して、われわれは、それは中間財市場を形成するという商社の「戦略的意図」に従うものであったと主張したい。この主張の根拠について、もう少し具体的に説明しよう。

周知のように、製造業の大企業は中間財（intermediate products）取引の過程

第5章　総合商社の撤退による内部取引の外部化：「市場形成型」直接投資の戦略的意図

から生ずる機会主義を含む不確実性を取り除くために、中間財市場を内部化（internalized）して階層組織による統御のもとに置く。これが「内部化」に基づく垂直統合の論理である。他方、総合商社の中間財取引の場合は、事態はもっと複雑かつ困難である。それは常に目標市場に組立加工業者が存在しているとは限らないからである。

　工業化の遅れた発展途上国では、組立加工業者の技量が低く、未熟な経営を行っている場合が少なくない。その場合は、中間財輸出にともなう不確実性は極めて高くなる。中間財輸出のためには、商社が率先して組立加工会社そのものを組織化し、不確実性を取り除く努力を払わなければならない。その場合、商社は製造業企業と同様、中間財市場の内部化を志向する。他方、中間財の標準化が進み、市場取引が確立している先進国では、市場価格による（arms-length）取引が行われているので、取引そのものを内部化することはあまりメリットはないだろう。

　商社は基本的に卸売業者であるので、営業の中心はバルク輸出のような中間財取引である。したがって、商社にとって、海外投資は取引「内部化」の手段である。輸出による利益は、あらかじめ振替価格に織り込まれている。したがって、海外の組立加工事業がもたらす配当収入は、商社にとって重要な利益の源泉ではない。商社は現地経営によってもたらされる一般管理費の一部ないし全部を負担するが、通常それは輸出促進のための営業経費と考えられる。輸出による利益が営業経費を上回る限り、海外事業は存在理由がある。つまり商社のFDIは、小島理論（1973, 1977, 1985）で言うところの「貿易補完FDI」であり、欧米の多国籍企業が求めるような高い配当性向を志向しない（商社FDIの低利益率）。

　他方、現地パートナーの目的関数は異なっている。彼らは（自らがオーナーである場合が多いので）、最大の営業利益を獲得し、株主に対して可能な限り高い配当を支払う強い動機がある。彼らの能力と実績は、支払った配当総額と株価によって評価される。商社の提示する中間財の輸出価格は振替価格によるため、通常の市場価格（国際価格）よりも高くなる傾向にある。商社の立場としては、振替価格には合弁事業の一般管理費の一部を計上する必

95

要があるので、輸入価格が高くなるのはやむを得ないと考えるだろう。

　したがって、現地の経営者が、生産技術やマネジメント能力を習得し、経営の自律性を獲得するようになると、商社に対して厳しい値引き交渉を要求する。しかし商社にとって、現状の枠組みのままでは値引きに応じられない。そこで、一般管理費の負担から免除されるのなら、市場価格での（arms-length）取引に応じてもよいということになる。そこで商社は、取引の継続（商権の確保）を認めるのなら、持分資本の譲渡に応じてもよいと回答する。経営責任の現地パートナーへの移管は、とくに一般管理費が予想外にかかっていた場合は、商社にとって「棚から牡丹餅」（wind-fall）であるかもしれない。総合商社のような国際的に著名な企業は、途上国で現地の経営者が行うような「過酷な労務管理」や「政府役人とのきわどい駆け引き」を利用できないので、海外事業のトータル・コストは意外に高くつくだろう。

　それでは、これを契機に現地パートナーと商社との関係は途切れてしまうのだろうか。商社には持分資本を引き揚げても、取引を維持・継続できるだけの幅広い能力が存在する。通常、特定の供給先から中間財を購入し続けた場合、製造工程は一定の技術的制約を受けるためにサンクコスト（埋没原価）が大きくなる。技術系統の異なる中間製品の採用や、原料・素材を別の業者から購入することは、しばしば技術的制約のために困難である。現地側が経営自主権を掌握しても、従来の商社との取引関係を解消し、別の供給業者にスイッチしたり、製品販売市場の自力開拓は容易でない。商社は通常、信用供与、金融の便益提供、様々なビジネス情報の提供、顧客の紹介、完成品の輸出などを通じて、現地の経営意思決定に対して一定の影響力を行使している。したがって、持分資本を引き揚げた後も、商社と現地企業との関係は継続すると見てよい。その関係は純粋の市場関係でもなく、垂直統合でもない。すなわちR. エックレス（Eccles 1981）の言うところの「疑似企業」（quasi firm）であろう。

　以上のように、商社FDIの戦略的意図は「疑似企業」による「商権」の形成である（島田1990）。第1段階では、中間財の輸出市場形成のために、FDI（とくに海外製造合弁）を戦略的に活用して市場を内部化する。商社は

第5章　総合商社の撤退による内部取引の外部化:「市場形成型」直接投資の戦略的意図

海外事業が安定するまでは一般管理費の一部ないし全部を負担する。この期間は振替価格によるマージンが利益の源泉である。第2段階は、持分資本の引き揚げによる「疑似企業」への移行である。商社は、事業が軌道に乗ると持分資本を回収して市場取引に転換する（戦略的撤退ないし取引の「外部化」）。しかし、取引「外部化」は完全な市場関係への移行を意味しない。金融支援や流通チャネル支配を通じて、商社は影響力を保持している。つまり、W.パウエル（Powell 1990）の言う「市場でもなく組織でもない」（neither market nor hierarchy）、つまり「疑似企業」への移行である。無数の「疑似企業」が織り成す「グローバル・ネットワーク」が、商社の「商権」を構成する（島田 1990）。これは一種の「制度化された市場」（institutionalized 'market'）と呼ぶことができよう。商社の商圏は経済の生態系（ecosystem）のようなものであるが（Hodgson 1993, Chap.16）、この進化過程を媒介するのがFDIである。われわれが、商社FDIを「市場形成型」投資と呼ぶのはこの理由からである。

最後に、以上の議論を踏まえて、われわれは、貿易商社を含むサービス産業一般のFDI行動が製造業の多国籍企業とは本質的に異なること。したがって、全く新しい理論の開発が不可欠であると結論する（Yasumuro 1998；四宮 1996）。

1　総合商社の海外直接投資とフリースタンディング会社の類似点

1.1　商社参加合弁の理論と歴史的評価

これまでも総合商社のFDIは「日本型の多国籍化」として注目され、多くの研究者がその理論化を試みてきた。経済学の分野では、小島清による研究が世界的に著名である（Kojima 1983）。小島は、ヘクシャー・オリーンの比較生産費説に立脚しながら、総合商社のFDIを誰よりも深く考察した。彼は総合商社と中小企業が共同出資者となり、それに現地の商業資本や小規模生産者が参加する合弁形態を貿易補完的なFDIとして位置づけた。それは、日本ではすでに比較劣位産業になった中小企業の事業分野を、貿易関係

を軸にして海外へ移転することを意味していた。このタイプのFDIは、投資国の産業構造高度化を実現し、投資国の競争優位を減ずることなく途上国に対して産業発展上不可欠な基礎産業や技術・経営ノウハウを移転する。商社は海外経験を持たない日本の中小企業に国際ビジネスのノウハウを与え、海外に導く担い手として機能する。小島は、この商社主導の海外合弁の技術移転効果を高く評価する。先進国が途上国に対して「教師」（チューター）としての役割を果たす、いわゆる「国際援助」の意味を込めている。彼があえてそれを「日本型」FDIと呼ぶのは、そうした独自の理念・理想が背後にあるからである。

一方、寡占的大企業による海外進出は投資国側の競争優位を劣化させ、輸出減少を招くだけでなく（貿易収支の赤字）、被投資国（とくに経済規模の小さな発展途上国）の市場を独占する恐れがある。小島は、このタイプのFDIを国際貿易にとって逆機能的であるとして批判する。小島は、このタイプのFDIを「アメリカ型」FDIと名づける。

小島は、商社FDI、とくに商社参加の合弁は、国際貿易と矛盾せず、しかも独占の形成を意味しないので、国際経済学の見地からも「適切」と見る。他方、「アメリカ型」FDIは、独占を志向するので「不適切」であるとする。小島理論は規範的性格が強いとして批判されることもあるが（Buckley 1983）、その意図するところは明快であり、英国を中心に多くの学者から支持されている。

小島の業績は世界の学会に大きなインパクトを与えた。それに刺激されて、日本の国際経営学者も商社参加型合弁の研究を開始した。吉原英樹（1979、第9章）は、実態調査に基づいて「商社参加型合弁の緊張モデル」を提唱した。現地パートナーが生産技術やマネジメント能力を習得すると、経営自律性の要求が強くなり、商社との利害対立が表面化する。経営指導権を巡る争いを契機として、商社は合弁事業に対するコントロール能力を失い、やがて撤退を決意する。「緊張モデル」の意味するところは、一般に商社参加の合弁事業は脆弱なコントロール基盤に依っていること、したがって長期の存続が困難なことを示唆した。小島の主張にもかかわらず、実際の商社参加型合

第 5 章　総合商社の撤退による内部取引の外部化：「市場形成型」直接投資の戦略的意図

弁は、経営内部に対立的な要素と脆弱性を潜在させていることが指摘された。

他方、安室（Yasumuro 1984）は、商社参加型合弁の増減という歴史的発展過程に注目した。安室は、戦前・戦後の調査を通じて、商社参加型合弁は第 2 次世界大戦以前には希にしか見られず、戦後になっても 1950 年代にはその数は僅かであったこと。しかし、1960 年代の中頃から増加し始め、70 年代の第一次オイルショック前後に爆発的に増殖したこと。ところが 80 年代になると突然減少し始め、その後には新規設立がほとんど見られなくなったことを明らかにした（ただし、80 年代の終わりから 90 年代にかけて再び小さな増加のピークがあった）。これは商社参加型合弁の増加が、ある特定の時期に限られた現象であることを意味した。この事実発見によって、商社参加合弁は小島の主張するような、いつの時代にも普遍的に見られたと言う意味での「日本型 FDI」とは言えないことが明らかになった。

次いで安室（1986）は、体系的な調査によって、日本の繊維産業と電機産業における FDI 戦略の相違点を分析した。分析結果は、繊維企業は商社との合弁を選好するが、電機産業は商社との合弁事業を好まないことを明瞭に示した。つまり、古いタイプの繊維産業では、一般的に商社との合弁形成が見られるが、組立加工型産業の代表である電機産業では、重電分野の一部を除いて、商社との合弁は例外的であった。商社参加合弁の減少傾向は、日本の FDI の担い手が変わったこと。つまり、電機を代表とする組立加工型産業の海外進出にともなって、商社との合弁事業そのものが回避されるようになったことを示していた。つまり、1980 年代になると、日本の製造企業も欧米の多国籍企業と同様、「所有に基づくコントロール」を重視し始め、高い出資比率を求めて合弁排除の傾向が明瞭に現われてくる。この日本 FDI の構造的転換は、小島理論や吉原理論がすでに当てはまらなくなったことを意味していた。

このように、商社参加の合弁事業は、繊維産業など素材型産業を中心とした初期の FDI 形態であり、組立加工型企業やハイテク企業の海外進出にともなって次第に影を潜めたと考えられるようになった。これは日本の FDI もまた、欧米型に転換したことを如実に示すものであった。グローバリゼー

ションが始まる90年代になると、商社参加型合弁はもとより、総合商社のFDIそのものが、その歴史的役割を終焉したように思われたのである。

1.2 フリースタンディング会社の歴史的意義とその理論化

ところが最近になって、そうした認識が逆転されるような大きな発展があった。それは、ミラ・ウィルキンス（Wilkins 1988a, 1988b, 1989）による「フリースタンディング会社」の再発見とその歴史的な意義付けが契機となった。なぜ19世紀を風靡したFSCが「再発見」されることになったのか。

ウィルキンスは、1983年の国際学会においてFSCの歴史的萌芽について述べ、多国籍企業やFDIの定義について議論を喚起した（Wilkins 1988a, 1988b；大東和 1996）。ウィルキンスは、1870-1914年までの英国の主な投資は、とくにアメリカ、アフリカ、アジア地域では、FSCによって行われていたと指摘した。英国やオランダに本社を持つFSCは発展途上国、とくに自国の植民地に広く分散していた（Jones 1996, p.34, 邦訳39頁）。

FSCの第1の特徴は、FSC本社（役員会）がロンドンやその他のヨーロッパ金融センター（例、アムステルダム）において株式や社債の発行を行い、調達した資金を植民地などの特定地域の海外事業に投資したことである。ほとんどのFSCは本国ではいっさい生産活動を行わず、小規模な事務所（登記上の本社）を持つだけであった（Casson 1997, p.217）。本国では、本社（ないし役員会）があるだけで、ほとんど事業活動を持たないことが通常の多国籍企業と異なる点である。現在は巨大な多国籍企業に成長したブリティッシュ・ペトロリアム（BP）も、その前身（アングロ・イラニアン）はFSCであったという。FSCが多国籍企業の先祖であった例は、とくに天然資源開発企業では、さほど珍しくはない。

FSCの第2の特徴は、ビジネス・パートナーの緩やかで広範なネットワークである。ウィルキンスはFSCでは多くのビジネス・パートナーが集まって1つのクラスター（社会集団）を形成していたとする。その中には、金融ブローカー、弁護士、会計士、鉱山技師、商業銀行家、貿易商人、その他の有力者などが含まれていた（Wilkins 1988a, p.265; Jones 1996, p.25, 邦訳29頁）。

FSCの主なビジネスは、天然資源開発やインフラ投資など、資産関連産業であった。現地経営は英国人の海外移住者や駐在員が行っていたが、その経営意思決定の権限はロンドン等にある本国本社が握る場合もあれば、全く現地に委ねられている場合もあった（Wilkins 1998; Jones1996, p.34-36, 邦訳 29-31 頁）。

FSCは19世紀に英国とオランダを中心に生まれ、とくに植民地に立地して繁殖した。その数は数千とも言われ（Jones 1996, p.33, 邦訳 38 頁）、若干の著名な例を除いて、実態はよくわかっていない。しかし、その存在は既知であり、今まで問題にされることもなかった。

しかし、本社からコントロールされていたFSCは、「多国籍企業」と定義することも可能である。そうなると、当然ながら、今までの国際経済学の常識が覆ることになる。つまり、従来の定説では、アメリカの海外投資は直接投資が大半であったが、ヨーロッパは間接投資が中心であり、直接投資は少なかったと信じられてきた。FSCの一部を直接投資に勘定し直すと、アメリカとヨーロッパの直接投資の比率には大差がないか、または逆転する可能性も出てくるのである（1914年以前は世界のFDIの半分以上が英国のものであった）。少なくとも1914年以前の国際投資データは根本から作り直す必要がある（Dunning 1992 ; Jones 1996, p.30-32, 邦訳 35-37 頁）[4]。これはアメリカ中心の多国籍企業史観に対するヨーロッパ側からの挑戦となる（Jones and Schröter 1993）。

こうしたことを契機にレディング学派で活発な議論が展開されるようになった。

1.3　フリースタンディング会社は多国籍企業か

当然、ここで問題になるのは、19世紀の英国やオランダを中心に広く分布していたFSCを多国籍企業と認定すべきか否かである[5]。ここからは経営史家の領分というよりも、経済学者や国際経営学者の本領である。本社がFSCに対して経営の支配権を行使する場合、FSCは多国籍企業として分類される（Casson1997, p.227）。この場合、ウィルキンスが喚起した問題点は、本社から経営支配を受けないFSCを多国籍企業として定義すべきかどうかで

表 5-1 フリースタンディング会社の分類

情報の輸出	技術の輸出	
	ある	なし
ある	A 多国籍的ダイレクト・インベスター	B ダイレクト・インベスター
なし	C 疑似多国籍企業	D ——＊

出典：Casson（1997：227）
＊は「信託された投資」（'trusted' investment）を意味する。

ある（Wilkins 1988a, 1988b）。

　ヘナート（Hennart 1994a）は、FSC は資本市場を内部化することによって成立したという観点を採る。当時の海外ビジネスはリスクが高く、海外事情に疎い投資家や金融機関は海外投資に躊躇していた。現地に移住した本国のビジネスマンは、現地事情に詳しいという優位性を活かして現地事業を形成し運営した。彼らは事業の成長とともに本国で起債し、あるいは株式を発行して出資者を募った。潤沢な資産を保持していたロンドンの資産家は競って資金を提供し、あるいは海外に新しい事業を設立した。ヘナートは、この点に着目して、FSC は先進国から発展途上地域へ資金を安全に移転するためのある種の国際金融システムであったと考えた（Hennart 1994a, 1994b）。つまり、ヘナートは、FSC の本質は金融市場の内部化にあり、基本的にあらゆる FSC は多国籍企業であると考えた。ヘナートは、内部化理論を拡張し、資本市場にも適用したのである。

　一方、カソン（Casson 1994, 1997）は、ヘナートの内部化理論の解釈は誤りであると主張する。彼は、海外子会社の設立段階では、資本は生産財の一要素であり中間財ではないとする。内部化理論によれば、内部化されるのは中間財市場であって要素市場ではない（Casson 1997, p.220-224）。したがって、FSC を多国籍企業と見るのは適切でないと反論する。

　カソンが注目するのは、本国本社によるコントロールの行使の有無である（表 5-1）。コントロールの行使をともなう海外投資は直接投資であるが、コントロール行使のないものは間接投資である。ヘナートの問題点は、FSC に対する本国からのコントロールの有無を確認していない点である。コントロールがない場合は、FSC は直接投資ではなくて、たんなる間接投資（ポート

第5章　総合商社の撤退による内部取引の外部化：「市場形成型」直接投資の戦略的意図

フォリオ投資）である。

　カソンは、この観点に立ってFSCを4つのタイプに分類する（Casson 1997, p.226-229）。まず2つの分類の基準を提示する。第1は「情報の輸出」、すなわち本社からのコントロールに関する情報である。第2は「技術の輸出」、すなわち技術や経営ノウハウの提供である。表5-1はカソンが定義するFSCの4分類である。

　カソンによれば、AタイプのFSCは本国本社から情報と技術輸出の双方を受けているので、「多国籍的ダイレクト・インベスター」（multinational direct investor）である。BタイプのFSCは、本社が情報輸出はするが技術の輸出がないので、「ダイレクト・インベスター」である。Cタイプは、本社が生産技術や事業計画等のマネジメント・サービスを提供するが、コントロールや調整を行わないので「疑似多国籍企業」（quasi-multinational）である。Dタイプは、技術も情報も輸出しないので、直接投資者でも多国籍企業でもない。要するに「間接投資」である。カソンはヘナートの主張するFSCをDタイプとして分類する。われわれは、このDタイプを「信託された投資」（'trusted' investment）と名づけたい。

　カソンの分類では、Aタイプは多国籍企業に分類されるだろう。しかしBタイプは現実にコントロールを行使していたとしても多国籍企業としての実態を備えていたかを確認することは困難である。数千もあったFSCを1つ1つタイプ分類する作業は、経営史の資料が残っていなければ不可能である。残念なことに、FSC関連の資料はほとんど残っていないのである。問題はまだ他にもある。FSCの支配関係は、対人関係のネットワークに依存していたので、本社からの実効支配があったかどうかを確かめる方法がない。したがって、カソンの4分類は理論的にはよく理解できるが、実際のFSCに当てはめることは難しいのである。

　他方、ジョーンズは、FSCはアメリカ製造大企業から発展した古典的多国籍企業（'classic' multinational）とは異なるエンティティーであるとする（Jones 1996, p.33, 邦訳38頁）。ジョーンズはFSCの特性を協働的ネットワークに見出す。彼は、このFSCの特性が1980-90年代の国際ビジネスにおいて発展し

た複雑なクロスボーダー関係と興味深い一致を示すという。これは、グローバリゼーションの急速な進展と深化にともなって、柔軟なネットワーク型の企業が、明確に規定された組織境界を持つ企業よりも、優位に立つようになったからである（Jones 1996, p.35, 邦訳 41 頁）。ジョーンズが示したパースペクティブは、古典的多国籍企業に比べると、所有によるコントロールや組織構造という点で曖昧性を持つものの、FSC を祖先とするネットワーク型企業は、サービス多国籍企業の行動を理解するうえで大きな役割を担っていると示唆するのである。

　以上の議論は次のように集約することができる。FSC は古典的多国籍企業の FDI とは、かなりタイプの異なる直接投資である。FSC は植民地を中心に発生したので、英国やオランダを中心に発達したが、その事業の枠組みには今日にも通用する基本的要素が見られる。FSC は、利害関係者による協働的ネットワークから発生する。それは、「所有に基づく」公式的なコントロールであるよりも、むしろ「所有をともなわない」対人関係によるコントロールの性格が強い。FSC は、多種多様な形態があるので一概に断定はできないが、出資者同士の人間関係と専門家の協働関係によって成立する。つまり、FSC は階層組織によるコントロール（ヒエラルキー）には馴染まない性格を持っている。したがって、キーパーソンの脱落や死去によってネットワークは容易に解体した。FSC は、そうした理由で、古典的多国籍企業と比べて永続することが少なかったのである。

　このように、投資現象として FSC を見た場合、直接投資と間接投資の境界は非常に曖昧である。FSC を多国籍企業と定義する場合、その現象は内部化理論で説明できるだろう。その場合、中間財市場の内部化によって取引費用が削減されるはずである。これを証明することは経営史の上からもさほど困難ではないだろう。しかし、ヘナートの言う株式資本など要素市場の内部化によっては、取引費用は削減されない。ただし、融資や投資のリスクは軽減されるはずである。これも当時の利子率（FSC に対する利子率と外国人所有の企業に対する融資の場合の利子率）を比較することで、ある程度の証明が可能かもしれない。このように FSC の形成は、中間財市場の内部化だけ

でなく、海外直接投資・融資のリスク・マネジメントの観点も含めて考えるべきであろう。なぜなら、これらの特性は、そのまま日本の総合商社の FDI にも当てはまるからである。

2 「フリースタンディング型インベスター」としての総合商社

2.1 総合商社の海外関連子会社

　総合商社は、とくに 1960 年代から 1970 年代初期では、日本の対外投資の先駆けとなる存在であった（Yasumuro 1984）。総合商社は「与信」能力（商社金融）を利用して海外で様々なビジネスや投資プロジェクトに参加した。総合商社は、とくに発展途上国において、資金供給の役割を果たした。総合商社は、当時は海外の与信業務に経験やノウハウを持たなかった日本の金融機関に代わって、発展途上国に金融資源を移転した。したがって、商社の国際金融機能は、フリースタンディング型インベスターと見ることができる。19 世紀の英国には、海外事業の管理を受け負う「マネジメント・エージェンシー」（management agency）が存在した。植民地経営の経験が乏しかった日本には、こうした制度は成立しなかった。ただし、総合商社の海外支店が英国のマネジメント・エージェンシーに類似した機能を果す場合もあった（Yoshino & Lifson 1986, Ch.12）。

　総合商社は、戦後はとくに、貿易を中心とする商業活動に経営資源を集中したので、商社が日本の国内に大規模な生産設備を持つことはほとんどなかった[6]。商社は単独では生産技術や品質管理のノウハウなどを輸出できなかった。海外に製造能力を持つためには、日本の製造企業と協働して現地に合弁事業を設立することが必要だった。

　1960 年代から 70 年代にかけて、発展途上国は工業化を推進するために輸入代替政策を実施した。その結果、総合商社の扱う完成品輸出は規制の対象となり、輸出市場を失う可能性が出てきた。商社は現地政府から完成品輸出に代えて現地生産を求められていた。このため商社は、日本の中小企業と手を組んで現地に合弁事業を設立し、中間財の輸出へと高度化する戦略を志向

した。

　しかし、合弁事業の製品輸出は商社が担当しても、現地市場に向けての販売は商社単独では困難であった。東南アジアを始め多くの途上国において、外国資本による流通・金融分野への投資が禁止ないし厳しい制限を受けていた。そのため総合商社は、現地の代理店を通じて販路を拡大していった。こうして商社の傘下には多数の現地代理店が組織化された。商社の現地法人をコントロール・センターとした垂直的な物流ネットワークは19世紀のFSCの現地ビジネス構造と非常によく似ていた。

　総合商社は、現地生産の条件として合弁事業への現地代理店ないし小生産者の出資参加を現地政府から要請された。こうして、1960年代から70年代にかけて、現地資本を加えた「三人四脚」型の商社参加の合弁事業が形成されていった。この形態も英国のFSCを中核とした多数のプランテーション経営の仕組と類似した側面を持っている。

　総合商社のFDIは、様々なビジネス・パートナー（クラスター）を必要とした。総合商社は現地の関連子会社に対して豊富な金融資源を供給しただけでなく、場合によっては、経営能力を有する人物を派遣して情報資源の提供や経営コントロールを行使した。したがって総合商社は、カソンのいうAタイプのFSC、すなわち多国籍的ダイレクト・インベスターと見ることができるのである。

2.2　中間財の輸出促進

　発展途上国における合弁事業設立の戦略は、総合商社にとって有利であった。とくに東南アジアでは経済の発展段階に合わせて、総合商社は様々な中間財を輸出した。たとえば、化学製品、合成原料、金属製品、電機部品、電子装置などである。当時の現地企業の技術水準は近代的な産業技術を吸収するには未熟であり、ライセンシングも困難であった。また工業発展の初期段階のため、中間財市場も未熟で、多くの不確実性を持っていた。そこで総合商社は、現地で共同出資の海外製造合弁会社を設立して、自ら製造能力を築くことによって大量の中間財を輸出した。つまり、総合商社はFDIによっ

第5章　総合商社の撤退による内部取引の外部化:「市場形成型」直接投資の戦略的意図

て現地の組立製造業者を内部化し、現地において中間財市場そのものを創りだした。

総合商社が組織化した海外関連会社は、中間財輸出にともなう取引の不確実性を削減する戦略的手段であった。これら関連会社は、発展途上地域の産業システムが不完備（imperfect）であるために生み出された「統御の構造」（governance structure）と言うことができる。このようにして、商社の中間財や産業用資材の輸出高はハイスピードで増加したのである。こうした理由から、総合商社は何百という少数持分の海外関連子会社を設立する必要があった。この意味で、総合商社の FDI は「市場形成型」投資（Casson 1997, p.90-97）として特徴づけることができる。

2.3　短い投資ライフサイクル

英国の FSC と日本の商社 FDI の持つ共通の欠点は、まだ証拠が十分とは言えないのだが、投資ライフサイクルが短命であったことである。フリースタンディング型 FDI は、古典的多国籍企業に比べて、たいてい短命に終わった。なぜなら、フリースタンディング型 FDI は、事業基盤が個人的関係や利害関係者との協働など、人間関係重視のネットワークで構成されていたからである。一方、古典的な多国籍企業は完全（または過半数）所有政策と階層的組織を通じてのコントロールにより、諸関係の固定化（永続性の確立）に成功した。

フリースタンディング型 FDI が立脚する「人間関係のネットワーク」は、血縁、地縁、宗教などの背景を持つ場合は強靭だが、時代とともに移ろいやすいという欠点がある。古典的多国籍企業の雇用関係に比べると、その結合は脆弱化しやすい。とくに中間財市場が現地政府ないしその関係者の手によって支配されるようになると、「市場形成型」投資の寿命は尽きてしまう。FSC の多くが植民地の独立とともに消滅したのはその理由からである。フリースタンディング型 FDI は、生存環境が不安定で、全般に投資サイクルが短命であり、高い死亡率であることが知られている。次節では、商社 FDI の寿命を測定してライフサイクル仮説を検証する。

3 総合商社の海外関連子会社の生存率

3.1 総合商社の海外関連子会社の生存状態：生存、消滅、撤退

　上述の仮説を検証するために、われわれは、1980年以前に設立された9大商社の海外関連子会社（foreign affiliates）のデータベースを作成した。『海外進出企業総覧'80』（東洋経済新報社、1981年）をもとに、総合商社のFDI件数を調べると、合計1,414件の直接投資が見出された[7]。海外関連子会社それぞれのデータは次のような項目から構成されている。海外関連子会社の名称、進出先国、設立年度（または操業開始年度）、出資比率、資本金額（現地通貨および日本円）、従業員数、派遣社員数、業種および主な製品、合弁相手（日本企業および現地企業）である。

　1,414のFDI件数のうち76件は複数の総合商社が重複して投資していた。つまり、複数の総合商社が同じプロジェクトに投資していたことになる。それを1件として計算し直すと、1980年の総合商社が所有する海外関連子会社の実数は1,338件であった。

　次に、われわれは、1,338件の関連子会社を1件ずつ、それがまだ存在するのか、あるいはすでに消滅しているのかを調べた。これについては、1995年の統計が掲載されている『海外進出企業総覧'95』（東洋経済新報社、1996年版）を利用した。1995年のリストを使用した理由は、1980年から1995年までの15年間の期間を置けば、通常の商社FDIのライフサイクルを十分にカバーできると考えたからである。

　1995年の商社のFDIリストに、1980年の商社FDIリストに載っていたものと同じ海外関連子会社名があった時、それを「生存」（exist）と定義した。他方、1995年の商社リストになかった場合は、もう一方の日本側パートナー（製造企業）のFDIリストをチェックした。両方のリストに、海外関連子会社の名前がすでに存在しなかった場合には、それを「消滅」（decease）と定義した。ただし、『海外企業進出総覧』のリストからは、その海外関連子会社がすでに清算されたのか、それとも現地の出資者に譲渡されたのかは、

第5章　総合商社の撤退による内部取引の外部化：「市場形成型」直接投資の戦略的意図

表5-2　総合商社9社の海外関連子会社の生存、消滅、撤退件数（延べ数）

総合商社	生存（％）	消滅（％）	撤退（％）	合　計
三菱商事	86（39.3）	119（54.3）	14（6.4）	219（100）
三井物産	120（43.3）	149（53.8）	8（2.9）	277（100）
伊藤忠商	59（26.9）	152（69.4）	8（3.7）	219（100）
住友商事	48（38.7）	73（58.9）	3（2.4）	124（100）
丸紅	77（34.8）	140（63.4）	4（1.8）	221（100）
日商岩井	59（54.6）	43（39.8）	6（5.6）	108（100）
トーメン	50（53.8）	42（45.2）	1（1.0）	93（100）
ニチメン	28（36.4）	47（61.0）	2（2.6）	77（100）
兼松	25（32.9）	44（57.9）	7（9.2）	76（100）
合　計	552（39.0）	809（57.2）	53（3.8）	1,414（100）

注）生存数の計算は『海外進出企業総覧'95』（東洋経済新報社）による。総合商社の順位は1995年度「フォーチュン500大企業」の年間売上高の順位による。

判断できなかった。また海外関連子会社の名称が商社リストにはすでに存在しないが、日本のパートナーのリストには掲載されている場合は、商社が資本を引揚げたと判断し、「撤退」（withdrawal）と定義した。

われわれが用いたこの方法はシンプルであるが、実用的であり、同時に最も効果的な方法である。なぜなら、1,338件の海外関連会社の1つ1つについて時間をかけて詳細に調査するのは、実際問題として不可能に近い。商社の責任者に海外関連子会社の死亡原因を尋ねても歓迎されないだろうし、あるいは回答したくとも、撤退は過去の出来事のために関係者が退職などで存在しない場合も少なくないからである。したがって、商社FDIの死亡率を推定するという目的に限るのなら、われわれの方法はそれなりの合理性を持つのである。

表5-2は総合商社9社の海外関連子会社（1,414件）を生存、消滅および撤退の3分類に分けたものである。表5-3は、同じく実数ベース（複数出資を差し引いた1,338件）に関して、同様の分類を示したものである。

表5-3によると、1980年以前に設立され、1995年時点でも存続していた海外関連子会社の数、つまり「生存」数は528社であり、生存率は39.5％であった。また、1995年には存在しなくなっていた「消滅」会社は760社あり、消滅率は56.8％であった。そして、1995年の商社リストにはないが、他の日

表5-3　総合商社9社の海外関連子会社の生存、消滅、撤退件数（実数）

	生存（％）	消滅（％）	撤退（％）	合　計
関連会社数	528（39.5）	760（56.8）	50（3.7）	1,338（100）

注）生存（非生存）の数は1995年のデータによる。

　本側パートナーのリストに乗っている会社、つまり商社が資本を「撤退」した海外関連子会社は50社であり、撤退率は3.7％であった。

　次に、分析を進める上で議論を簡単にするために、「消滅率」と「撤退率」を合わせて「死亡率」（mortality）と定義したい。そうすると、総合商社の海外関連子会社の推定死亡率は60％になる。15年の間に60％の海外関連会社が死亡したということは、単純計算すると年率4％の死亡率である。ここで問題なのは、死亡率60％（年率4％）という数字は「異常に」高い数値なのかどうかである。

　残念ながら、日本のFDIの撤退を調査した研究は少ない。その中で高い評価を受けているのが、洞口（1992）である。洞口は、年度ごとの日本の海外投資額を分析し、そこから撤退率を推計した。彼のデータは政府公刊資料に基づいているため、「撤退」（divestment）の定義が通常の概念とは異なっている。日本政府が公刊する資料では、①株式持分の現地への譲渡と、②清算を含む資本の完全引揚げ、の双方を「撤退」としてカウントする。つまり、経営権を維持したままでの株式の現地側への一部譲渡（equity disposal）も「撤退」1件であり、清算による資本の引き揚げ（evacuation）も「撤退」1件である。極論すれば、70％の出資比率のうち数％の持分を現地側に譲渡しても「撤退」である。しかし、経営的には、株式の一部譲渡と清算による資本の引揚げは全く別の行為である。前者は経営支配権が持続しているが、後者は海外関連会社が存在しなくなるか、あるいは日本側の経営権が完全に失われる。それを双方とも「撤退」としてカウントすることは、明らかに経営の実状にそぐわない。日本政府の統計にはこうした根本的な誤謬がある。

　この日本政府の公表資料に基づいて計算すると、日本企業の撤退率は年率にして16.31％という途方もない数字になる（洞口1992、108頁）。ただし洞口もデータの不備を承知していて、様々な方法によっていろいろな数値の撤

第5章　総合商社の撤退による内部取引の外部化：「市場形成型」直接投資の戦略的意図

退率を算出している（洞口1992、115頁）。その中で比較的信用できるのは、年率12.6％という推計値である[8]。これは1973年から86年までのFDI「撤退件数」の単純平均に過ぎない。これらの数値は2つとも商社FDIの平均年間死亡率（4％）の3〜4倍にも相当する。洞口による撤退率の推計値は、明らかに高すぎると言える。

　日本政府の公表資料では「撤退」の定義に問題があるため、比較可能なデータとしては使えない。そこで、われわれは、欧米多国籍企業の過去における撤退比率と比較する。

　比較可能なデータは、ハーバード大学の研究グループの行ったアメリカ多国籍企業（製造業）のヨーロッパに所在する海外製造子会社に関する調査である（Bulcke et al., 1980, p.2）。ここで言う「撤退」とは、解散（liquidated）と収容（expropriated）の合計であり、われわれの定義に近い。

　この調査では、1968年までに292件の撤退件数を見出している。この撤退率は15％である。年率は計算されていないが、1％程度であろう。他方、アメリカ以外の多国籍企業では、1971年までにヨーロッパに所在する子会社の中で306件の撤退があったという。この撤退率は19％である。年率換算では、1.5％程度であろう。この多国籍企業の撤退率に比べると、商社FDIの死亡率（消滅と撤退の合計）は、異常に高い数値であると言える。

　それでは、商社FDIの高い死亡率は異常なことなのだろうか。総合商社の海外関連会社の死亡率が古典的多国籍投資よりも高くなるのは、比較的理解しやすいことである。多国籍製造企業は、海外関連会社にすばやく製造技術や人的資源を移転できるため、子会社の生存能力を維持・改善することが比較的容易である。他方、技術力のない総合商社は、その面での海外関連子会社の支援が困難である。また日本の合弁パートナーの規模が小さく、継続的な技術移転が困難な場合、海外関連子会社の生存能力は劣化するだろう。したがって、商社FDIの死亡率は古典的多国籍企業のFDIに比べて高くなると考えられる。

　表5-2を一瞥しただけでも、最も高い死亡率の伊藤忠（73.1％）と、最も低い死亡率の日商岩井（45.4％）の間に目立った差はあるものの、商社FDI

の死亡率は一様に高いことがわかる。最大手の三菱商事（60.7％）や三井物産（56.7％）も、死亡率はかなり高い数値となっている。このことから、一般に総合商社の海外関連会社の死亡率は「高い」と言ってよいだろう。ただし、この高い死亡率は、必ずしもマネジメントの失敗を意味しないことに注意すべきである。以下ではその理由を説明する。

3.2 総合商社における高い死亡率の理由

総合商社の海外関連会社の生存能力に影響する要因は何だろうか。われわれは、以下の5つの項目と海外関連子会社の生存状況との関係に検討を加えた。5項目とは、（1）総合商社の出資比率、（2）従業員数と資本金額（1995年時点の日本円評価額）によって測った海外関連子会社の規模、（3）海外関連子会社の業種、（4）海外関連子会社の立地場所（地域）、（5）海外関連子会社の設立年度である。

3.2.1 総合商社の出資比率と海外関連子会社の生存状況

表5-4は、商社の出資比率とその海外関連子会社の生存状況（生存、消滅、撤退）との関係を示している。商社は、一般に少数所有を志向する傾向にある。商社出資比率が20％以下の海外関連会社が47％も占める。「所有」

表5-4　総合商社の出資比率と海外関連子会社の生存状況

出資比率（％）	生存（％）	消滅（％）	撤退（％）	合計
0-9	38（20.2）	140（74.5）	10（5.3）	188（100）
10-19	111（42.1）	143（54.1）	10（3.8）	264（100）
20-29	71（39.9）	100（56.2）	7（3.9）	178（100）
30-39	31（31.9）	61（62.9）	5（5.2）	97（100）
40-49	51（45.1）	58（51.3）	4（3.6）	113（100）
50-59	16（20.8）	57（74.0）	4（5.2）	77（100）
60-69	12（46.2）	14（53.8）	0（0.0）	26（100）
70-79	7（36.8）	11（57.9）	1（5.3）	19（100）
80-89	9（36.0）	16（64.0）	0（0.0）	25（100）
90-99	6（28.6）	15（64.0）	0（0.0）	21（100）
100	163（60.6）	106（39.4）	0（0.0）	269（100）
不明	12（21.3）	39（63.9）	9（14.8）	61（100）
合計	528	760	50	1,338

がコントロールの基盤をなすのなら（Casson 1997）、親会社の経営責任が明瞭な多数所有や完全所有の方が生存確率は高くなるはずである。

表5-4に示すように、出資比率のカテゴリーのほとんどで、60％を超す死亡率が示されている。たとえば、10％未満の出資比率の場合は死亡率79.8％、出資比率30-39％のカテゴリーでは68.1％の死亡率と、どれも非常に高い。唯一の例外は、100％所有の海外現地法人であり、このカテゴリーは反対に生存率の方が60％を超えている。この理由は単純である。完全所有のほとんどが海外支店だからである。総合商社の海外事業においては、完全所有の海外支店と少数所有の関連会社とを、所有政策によって区別していることを意味する。これは、総合商社は海外支店を古典的FDIと同様に内部組織として取り扱うが、少数所有の海外合弁は貿易関連事業促進のための手段として扱うからである。このように、完全所有のカテゴリーもその中から海外支店を除くと、他のカテゴリー同様、高い死亡率が得られるのである。

3.2.2 海外関連子会社の規模と生存状況

表5-5は、海外関連子会社の従業員数で測った規模と生存状況の関係を示している。従業員50人未満の小規模関連子会社は全体の42％であった。従業員500人以上の比較的大規模な関連会社は、わずか172社であり、全体の15.9％であった。商社の海外FDIは一般に小規模であることがわかる。

われわれは、海外関連子会社の規模と生存率との間には正の相関関係があると期待していた。つまり、より規模の大きい関連子会社は小規模なものより資源が豊富である。したがって、景気後退に直面したとき大規模なものは生き残り、小規模なものは死亡する確率が高くなると考えた。

ところが表5-5に見るように、海外関連子会社の規模と生存能力との間には正の相関は見られなかった。海外関連子会社はどんな規模であれ、ほぼ同じ死亡率（45-60％）を示している。例外は最大規模の関連子会社（従業員5,000人以上）であり、期待に反して85.7％という圧倒的に高い死亡率であった。

続いて資本金額による海外関連子会社の規模（1995年時点の日本円価値に換算した）と生存状況との関係を見てみよう。表5-6によると、最小規

表5-5 従業員数による規模と海外関連子会社の生存状況

従業員数（名）	生存（%）	消滅（%）	撤退（%）	合　計
0-49	174（38.7）	260（57.8）	16（3.6）	450（100）
50-99	77（54.2）	60（42.3）	5（3.5）	142（100）
100-499	129（40.6）	171（57.8）	18（5.7）	318（100）
500-999	40（38.8）	60（58.3）	3（2.9）	103（100）
1000-4999	24（38.7）	36（58.1）	2（3.2）	62（100）
5000-	1（14.3）	6（85.7）	0（0.0）	7（100）
不明	83（32.4）	167（65.2）	6（2.4）	256（100）
合　計	528	760	50	1,338

表5-6 資本金額による規模と海外関連子会社の生存状況

資本金額	生存（%）	消滅（%）	撤退（%）	合　計
1千万円以下	25（31.2）	91（77.1）	2（1.7）	118（100）
1-5千万未満	68（33.8）	125（62.3）	8（3.9）	201（100）
5-1億未満	67（48.2）	70（62.3）	2（1.4）	139（100）
1-2億未満	66（37.9）	98（56.4）	10（5.8）	174（100）
2-3億未満	72（49.7）	66（45.5）	7（4.8）	145（100）
3-5億未満	58（41.7）	73（52.5）	8（5.8）	139（100）
5-10億未満	67（41.6）	91（56.5）	3（1.9）	161（100）
10-50億未満	80（43.5）	98（53.3）	6（3.2）	184（100）
50-100億未満	11（45.8）	11（45.8）	2（8.3）	24（100）
100億円以上	12（36.4）	20（60.6）	1（3.0）	33（100）
不明	2（10.0）	17（85.0）	1（15.0）	20（100）
合　計	528	760	50	1,338

模のカテゴリー（1千万円以下）が最も高い死亡率の78.8％を示した。次いで最大規模のカテゴリー（100億円以上）が63.6％と、これも高い死亡率を示した。中間的な資本金規模のカテゴリーでも、死亡率は50-60％におよんだ。資本金額で測った規模に関わりなく、高い死亡率が記録された。

以上から、海外関連子会社の規模（従業員数と資本金額）とFDIの生存能力の間には有意な相関関係は見出されないことがわかった。

3.2.3 海外関連子会社の産業分野と生存状況

表5-7は、海外関連子会社の産業分野と生存状況との関係について示している。これによると、製造業に属する海外関連子会社が最も数が多く、全体の46％（615社）であった。製造の分野では、繊維と化学が最も数が多く、

第5章　総合商社の撤退による内部取引の外部化:「市場形成型」直接投資の戦略的意図

表 5-7　商社 FDI の産業分類と生存状況

産業区分	生存（％）	消滅（％）	撤退（％）	合計
農業	6（23.0）	20（77.0）	0（0.0）	26（100）
林業	0（0.0）	10（100）	0（0.0）	10（100）
漁業	6（0.0）	16（69.6）	1（4.4）	23（100）
鉱業	10（18.2）	44（80.0）	1（1.8）	44（100）
建築	10（38.5）	12（46.2）	4（15.3）	26（100）
製造業（小計）	237（38.5）	353（57.4）	25（4.1）	615（100）
食品加工	7（14.3）	42（85.7）	0（0.0）	49（100）
繊維	56（39.2）	83（58.0）	4（2.8）	143（100）
化学	69（48.3）	72（50.3）	2（1.4）	143（100）
金属加工	48（41.4）	64（55.2）	4（3.4）	116（100）
機械	36（33.0）	60（55.0）	12（12.0）	109（100）
その他	21（38.2）	32（58.2）	2（3.6）	55（100）
商業	214（51.6）	185（44.6）	16（3.8）	415（100）
金融	1（8.3）	10（83.3）	1（8.3）	12（100）
保険	2（50.0）	2（50.0）	0（0.0）	4（100）
不動産	9（52.9）	8（47.1）	0（0.0）	17（100）
輸送	6（12.2）	43（87.8）	0（0.0）	49（100）
倉庫	11（52.4）	9（42.8）	1（4.8）	21（100）
その他サービス	8（22.2）	28（77.8）	0（0.0）	36（100）
持株会社	1（11.1）	8（88.9）	0（0.0）	9（100）
その他	7（35.0）	12（60.0）	1（5.0）	20（100）
合計	528	760	50	1,338

それぞれ143社、金属製品（主に鉄鋼加工製品）が116社、機械（電子機器を含む）が109社であった。総合商社の得意とする製品分野は、繊維、重化学工業、重機械関係の伝統的な商権、およびアフターサービスの要らないコモディティー電子機器であり、そこにFDIが集中していることがわかる。

次に、商業分野が全体の31％で415社を占めていた。商業を除いたサービス部門が全体の12.6％であり、そのうちわけは金融12社、保険4社、不動産17社、輸送49社、倉庫業21社、その他のサービス36社、持株会社9社、その他が20社である。そして天然資源開発業が全体の8.5％で114社であり、そのうちわけは農業26社、林業10社、水産業23社、鉱山55社であった。さらに、独立の産業分類として建設業が26社あった。このように、総合商社の海外関連子会社は、製造業と商業が中心であるが、その他にも

様々な産業に直接投資を行っていることがわかる。

次に、それぞれの業種と死亡率との関係を見てみたい。次の8つの産業は比較的死亡率が高い；農業の77％、林業の100％、水産業の74％、鉱山の81.8％、食品加工の85.7％、金融の91.6％、輸送の87.8％、持株会社の88.9％である。これは第1次産業と第3次産業に集中している。一般に、FSCも、これと同様の分野に従事していたとされている（Davenport-Hines & Jones 1989）。

全体的に見て、製造業に属する海外関連子会社が他業種より生存率が高いとはいえ、平均死亡率は60.5％であった。つまり、総合商社の海外関連子会社の死亡率は、業種によって違いは見られるものの、おしなべて高いと言える。

3.2.4 海外関連子会社の立地場所と生存状況

表5-8は海外関連子会社の立地場所と生存状況との関係を示している。海外関連子会社の「生存率」が比較的高い立地場所はアセアン地域の49.3％、オセアニアの46.0％、欧州連合（EU）の47.4％、中南米地域の42.9％が目立っている。生存率が低い地域は北米の25.4％、中近東・アフリカの26.5％、東アジア（中国を除く）の28.7％、その他欧州諸国の0.0％である。両者の中間が西南アジアの37.8％である。

地域間に生存率（または死亡率）の違いがあるとはいえ、各地域の「死亡

表5-8 総合商社の海外関連子会社の立地場所と生存状況

地 域	生存（％）	消滅（％）	撤退（％）	合 計
東アジア（除く中国）	37 (28.7)	89 (67.4)	6 (4.6)	132 (100)
アセアン	168 (49.3)	158 (46.3)	15 (4.4)	341 (100)
西南アジア	17 (37.8)	28 (62.2)	0 (0.0)	45 (100)
オセアニア	46 (46.0)	53 (53.0)	1 (1.0)	100 (100)
ヨーロッパ連合（EU）	72 (47.4)	71 (46.7)	6 (5.9)	152 (100)
その他ヨーロッパ	0 (0.0)	4 (100)	0 (0.0)	4 (100)
北米	62 (25.4)	172 (70.5)	10 (4.1)	244 (100)
ラテンアメリカ	108 (42.9)	137 (54.3)	7 (2.8)	252 (100)
中近東・アフリカ	18 (26.5)	48 (70.6)	2 (2.9)	68 (100)
合 計	528	760	50	1,338

率」はどの地域も40％を上回っていた。ここでもまた、海外関連子会社の立地場所と生存可能性の間には、論理的に説明可能な相関関係は見あたらないように思われる。

3.2.5 設立年度と生存状況

われわれの「短期投資サイクル」仮説によれば、海外関連子会社の歴史が長いほど、死亡している確率が高くなると考えられる。それに対して、最近に設立された海外関連子会社は、ライフサイクルの初期段階にいるので、まだ生きている可能性が高い。次にこの仮説について考察してみたい。

総合商社の海外進出は年代によって次のように変化している。まず総合商社は、1950年以前に4社、1950年代に60社、1960年代に218社の海外関連子会社を設立している。この数字は小さいものであるが、この時期は総合商社が事実上、日本のFDIをリードしていた。総合商社は1970年代に入って、その戦略的意図を現わし始める。商社は1970年から74年の間に海外関連子会社を591社、1975から79年の間に342社を新設した。つまり、総合商社の海外関連子会社の69.7％が70年代の10年間に設立されていた。この1970年代に総合商社によって引き起こされた日本のFDIは、新時代を切り開くものであった（Yasumuro 1984）。しかしながら、この期間以降、海外関連子会社の新規設立は急速に減少している。そして次に小さなピークが来るのは中国やベトナムが市場開放し、新しいFDIブームが生まれた1990年前後である。この後期のピークについては、この論考の範囲を超えるので別の機会に分析したい。

表5-9は設立年度と生存状況との関係を示したものである。ここで興味深いのは、1950年代と60年代前半に設立された歴史の古い海外関連子会社の多くがいまだ生存していることである。1950年から54年の間に設立された海外関連子会社の生存率は57.1％、1955年から59年に設立されたものは63.0％、1960年から64年に設立されたものは52％の生存率である。それとは逆に、1960年代後半の設立から生存率は低くなっている。1965年から69年に設立されたものは44％、1970年から74年の設立は34.7％、1975年から79年の設立は36.5％に生存率が低下している。

表 5-9　総合商社の海外関連子会社の設立年度と生存状況

地域	生存（％）	消滅（％）	撤退（％）	合計
-1950	1（25.0）	3（75.0）	0（0.0）	4（100）
1950-54	8（57.1）	6（42.9）	0（0.0）	14（100）
1955-59	29（63.0）	14（30.4）	3（6.6）	46（100）
1960-64	39（52.0）	35（46.7）	1（1.3）	75（100）
1965-69	63（44.0）	69（48.3）	11（7.7）	143（100）
1970-74	205（34.7）	364（61.6）	22（3.7）	591（100）
1975-79	125（36.5）	208（60.8）	9（2.6）	342（100）
1980-	6（40.0）	6（60.0）	0（0.0）	15（100）
不明	52（48.1）	52（48.1）	4（3.8）	108（100）
合計	528	760	50	1,338

　表5-9に示されるように、商社 FDI の生存率は年々悪化していることがわかる。1980年代以降の設立に関しては、まだ十分なレビューを加えていないが、ほぼ同様の傾向が見られることは確かである。つまり、上記で仮定した「短期投資サイクル」仮説は当てはまらなかったのである。

　以上を要約すると、次のように結論することができる。1980年までに設立された総合商社の海外関連子会社の死亡率は、出資比率、規模、産業分類、立地場所、設立年度に関係なく、一様に高いこと。つまり、個別の商社による違いが見られないばかりか、特定の要因も検出できなかったということである。それでは、商社 FDI が比較的短命であり、死亡率が高い理由をどう説明するのか。次に、その説明論理について考えてみたい。

4　中間財市場創造のための「市場形成型」海外直接投資

4.1　中間財市場の組織化

　1980年以前に設立された総合商社の海外関連子会社の50％以上が、10-15年のライフサイクルで事業を終焉している（もちろん、上述のように長寿を保っているものもあるが）。この期間は、通常の投資回収時期とおおむね一致する。投資家が投資した事業から十分な利潤を回収すると、協働的な合弁事業の目的は終結する。しかし、その事業が将来も利益のあるものと確信す

第5章　総合商社の撤退による内部取引の外部化：「市場形成型」直接投資の戦略的意図

る時は、投資家は再投資に踏み切るだろう。その意味で、法律で定められている投下資本の減価償却期間の終了までが投資回収の期間となるのである。

　商社 FDI が十分なリターンをもたらす期間内での合弁事業の目的とは何であろうか。おそらくそれは、信頼できる中間財取引の基盤を作ることであろう。1960 年代から 70 年代にかけて、発展途上国の現地政府は輸入代替政策を導入し、完成品の輸入を制限した。発展途上国に完成品を輸出していた総合商社は、そうした規制によって打撃を受け、市場シェアを失う可能性があった。その後、商社は日本の小規模製造業者や現地利害関係者たちと現地で組立加工工場を組織したことは既に述べた。これらの合弁事業が大量の中間財を持続的に消費したことが、商社の原材料や産業財の輸出増大に貢献したのである。

4.2　英国フリースタンディング・カンパニーとの類似性

　市場が未熟で不完備な場合、中間財の輸出は予期しない取引リスクに見舞われる。最終消費財と違って、中間財取引には仕様書や説明用のリーフレット、マニュアル、技術指導などが含まれ、より技術的な知識と専門的情報が必要である。複雑な生産設備の場合は、ターンキー・プロジェクトを通じて輸出されるが、受入国企業の技術吸収能力が不十分の場合には、商社自らがそうしたプロジェクトを実施し、市場そのものを作らなければならない。したがって、FDI は商社にとって中間財輸出のための戦略的手段となるのである。

　このように、商社は自らの手で管理可能な市場を組織し、市場での取引交渉を生産計画に置き換えた。こうして、商社は発展途上国へ中間財を輸出することにともなう不確実性を取り除くことに成功した。これは、商社 FDI がなぜ米国などの先進国において比較的短命で成功しないのかという理由の説明にもつながる。なぜなら、先進国市場にはすでに中間製品の取引市場が存在していたので、内部化による取引費用削減効果は大きくなかったからである。

　商社 FDI の寿命の短命さを説明するもう 1 つの原因は、海外関連子会社へ

の技術輸出能力の限界である。海外関連子会社が成長し独立すれば、本国本社への資源依存度は小さくなる。また中間財が標準化され、商社のサプライチェーンに依存する必要がなくなると、現地の合弁パートナー（と経営者）は安価な原材料部品を求めて国際市場価格による取引を志向するようになる。この場合、商社FDIはカソンの分類のBタイプに分類されるようになる（Casson1997, p.224）。

　合弁事業が独り立ちする時期には、現地の合弁パートナー（と経営者）は情報を自ら作り出すようになり、商社の情報輸出の必要性は減少する。一般に商社の所有比率は低いために、商社によるコントロール行使は難しくなる。その場合はカソンのDタイプになるだろう。そして投資がDタイプに至ると、商社は撤退を決意するだろう。つまり、この時期に商社は現地側パートナーに株式を譲渡し、所有に基づかないコントロールを駆使する「疑似企業」関係に入ることになる。こうして取引の「外部化」が完了し、商社の関係性マーケティング、所謂「国際商権」が形成される。

むすび　商社による市場形成と技術の標準化

　1960年代から70年代の総合商社のFDIと19世紀英国のFSCでは、その歴史的背景や事業クラスターの構成において当然大きな相違がある。しかし、双方のFDIには多くの論理的な類似点があることがわかる。本章の分析は以下のように要約できるだろう。

　第一に、フリースタンディング型FDIは、人的要素によって事業の土台が成り立っている。つまり、「人的ネットワーク」による国際ビジネスである。フリースタンディング型FDIの論理は、「古典的」FDI（Jones 1996）の論理とはかなり異質である。フリースタンディング型FDIは所有に基づかないコントロールによって、水平的ネットワークを志向する。一方、古典的FDIは垂直統合や階層組織を志向し、完全所有または過半数所有によるコントロールを追求する。その点で、フリースタンディング型FDIは古典型のFDIに比べて、組織の境界が曖昧であるが、開放的でありフレキシブルな関

第 5 章　総合商社の撤退による内部取引の外部化:「市場形成型」直接投資の戦略的意図

係（ルース・カップリング）を保つ。

　第二に、商社は製造業の大企業に先駆けて、海外市場に参入しなければならなかった。もし商社よりも製造大企業が先に進出したのなら、メーカーが自らの必要性から中間財市場を内部化し、取引から商社を排除する危険があった。商社はメーカーに先んじることによって、取引上の優位を保てたのである。

　完成品の輸出と異なり、中間財の輸出のためには、産業財とサービスを定期的に大量消費する製造業が不可欠であった。現地国に大量の中間財を消費する製造企業が存在しない場合、商社は自らの投資によって現地に製造能力を組織化しなければならなかった。商社はメーカーの攻勢から自社の輸出市場を守るために、メーカーに先んじて現地生産設備を内部化しなければならなかったのである。

　第三に、商社の主要事業は依然として国際貿易であり、その利益は商業取引から生じる。その結果、商社は海外関連子会社による配当にはあまり期待しておらず、貿易からの収益に多くを期待している。商社は企業内取引において国際振替価格を適用し、海外関連会社との貿易から利益を得ることを第1の目的とした。より多くの出資比率を得ることができる場合でも、たいていは極小所有の投資（micro-ownership investment）（5％以下）を選択した。極小所有政策の目的は明確である。要するに、現地合弁相手との取引関係を維持・強化することであり、まさにこの点に、長期契約（long-term contract）と極小所有政策が同じ戦略の延長線上に位置していた。商社の経営者は極小出資を「お付き合い投資」（'association' or 'friendship' investment）と呼んでおり、その表現はまさにこの所有政策の目的をよく示している。

　英国の FSC は 1870 年頃から急増し、1914 年まで繁栄した。総合商社の FDI が本格化するちょうど 100 年前である。英国 FSC の消滅する時期（1960年代）は、ちょうど総合商社の台頭の時期と重なる部分であることも、たいへん興味深い。この観点から見ると、フリースタンディング型 FDI は英国で陳腐化してしまったのではなく、形を変えて日本の総合商社へとバトン・タッチされたと見ることもできるだろう。フリースタンディング型投資の基

本原理は、現代においても依然として有効であり、活動的だからである。

　第四に、商社の海外関連会社の死亡率が高いことは、そのFDIが市場形成の戦略の結果として引き起こされたものであり、時期が来ればいつでも内部化市場を外部化できること、つまり企業内取引の移転価格政策から市場取引価格へのシフトが可能であることの論理的な結果であると言えよう。この文脈においては、高い死亡率は必ずしも経営上の失敗を意味しない。英国FDIの衰退、とりわけFSCの衰亡は、無能力な英国人派遣経営者と弱体な経営組織が引き起こしたミスマネジメントの結果であると言われてきた（Chandler1990, Ch.7）。しかしながら、これまで議論してきたように、場合によっては、この考えは間違っているかもしれない。

　FDIの初期段階では、「市場形成型」投資は産業財市場のための不可欠な基盤となり、とくに中間財取引にとっては欠くことができない基盤であった。日本の総合商社のようなサービス産業は、古典的多国籍企業の出現を先導してきたのである（Yasumuro 1984）。安定的な中間財市場が形成され、中間財の技術標準が確立されたから、古典的多国籍企業が発展途上国へ参入する土台が作られたのである。こうした産業基盤の形成は、産業資本に先行する、商業資本の役割なのであろう。

　したがって、FDI現象は、サービス多国籍企業によるものと製造業の多国籍企業によるものとに2分類される必要がある（Boddewyn et al., 1986；Dunning 1988, 1989；Enderwick 1989；Jones 1996, p.163-166）。研究者によっては、製造業に基づく古典的な多国籍企業理論を応用して、サービス多国籍企業の理論を開発した者もいる（Boddewyn et al., 1986；Dunning 1988, 1989）。しかし、サービス多国籍企業に関する、全く新しい理論がいまや希求されている。英国FSCと日本の総合商社FDIの研究は、われわれをサービス多国籍企業の史的ならびに理論的研究という豊穣の地へと誘っている。

　　謝辞：この研究は、1997年9月に英国レディング大学国際経営史研究センターで行われた「貿易商社の国際比較」で報告した論文（Yasumuro 1998）に基づき、新たに四宮由紀子氏（現近畿大学准教授）との共著論文として改定したものである。研究

第5章　総合商社の撤退による内部取引の外部化：「市場形成型」直接投資の戦略的意図

会の主催者である G. ジョーンズ教授、資料作成を助けてくれた四宮氏に感謝したい。

注

（1）　ここで言う「9大総合商社」（General Trading Companies：GTC）とは、伊藤忠商事、兼松、住友商事、トーメン、ニチメン、日商岩井、丸紅、三井物産、三菱商事である。なお、市場形成型投資（'market-making' investment）という名称は、マーク・カソンによる。

（2）　FSC の中でも比較的長く存続したものがある。英国の総合商社のインチケープなどはその一例と言えよう。しかし、20世紀まで生き延びた FSC も、そのほとんどは、植民地の独立にともなって、1960年代中頃までには姿を消した。長く存続することができた FSC が 1960 年代に清算された原因は、ミスマネジメントであるよりも、存立基盤となっていた植民地社会の消滅によるものと言えよう。ジャーデン・マテソン（総合商社）は、香港が 1997 年まで英国の植民地であったため、長らく香港に本拠を置くことができた。一般に、FSC が多国籍企業になれなかった理由は、特定の植民地社会（英国の法律や施政権によって保護された）に深く馴染み、特化し過ぎ、それ以外の環境に適応する能力を失ったためであると考えられる。

（3）　9大商社が、全く同じ特質の「ミスマネジメント」を犯したため、すべての商社が高い FDI 死亡率に陥ったという説明も理論的には可能である。たとえば、9大商社は、全く同じビジネス環境を選択し、同じような戦略（取扱商品の多角化と地域の多角化）を採り、ほとんど見分けの付かない組織構造を発展させたため、組織の環境認知が同質化してしまった。つまり、どの商社も、見分けの付かないほど類似した特徴を持つようになり、一つの業界を形成するようになった。この「業界」は情報の共有と同時に、失敗の共有も可能にする。この個体群に共通する「アイソモルフィズム」（isomorphism；同形化）現象のため、ある商社の失敗は、ほとんど同時に他の商社にも共有化された。その結果、9大商社はおしなべて同質の失敗（高い FDI 死亡率）に陥った、という説明である。このアイソモルフィズム（同形化）仮説によれば、9大商社に共通する高い FDI 死亡率は、個体群としての当然の帰結ということになる。個体群生態学の立場からは、この説明の方が面白いかもしれない。周知のように、本章での分析枠組みと概念は、個体群生態学の概念（たとえば、DiMaggio and Powell 1983）を援用している。したがって、われわれは、こうした説明の可能性もけっして否定しない。

（4） ダニング（Dunning 1992）はこの観点に立って、海外投資のデータを作り替えたが、FSC の数も実態も正確には掴まれていないので、あくまでも暫定的な数字に過ぎない。
（5） ここでは多国籍企業の定義として国連をはじめとする多くの研究者が採用している定義、すなわち、「2 カ国以上に重要なビジネス拠点を持つ企業」という最も幅広い定義を採用している。R. バーノン（Vernon 1971）とそのグループが採用する、巨大企業であり、6 カ国以上に出資比率 25％以上の・製・造・拠・点を持つ製造企業という偏った定義を採用していないことに注意されたい。
（6） もちろん、これは戦後の話である。周知のように、戦前の総合商社は、たとえば、倒産した鈴木商店は帝人や神戸製鋼所の前身会社など多数の企業を設立・所有していたし、三井物産は東レの前身ほか多数の製造子会社を設立・所有していた。したがって、戦前の総合商社は多数の製造企業を支配下に置くコングロマリット的な性格を持っていた。
（7） 筆者が行った、経営実態に深く立ち入った聞き取り調査によると、公刊されたリスト以外にも、多数の FDI があることがわかった。しかし、それらは、現地法人の出資する関連会社（孫会社ほか）への投融資などである。たとえば、1997 年までに、伊藤忠商事は中国に 230 件の直接投資を行っていた（ただし、115 件は未操業）。しかし、この中のごく一部しか『海外進出企業総覧』に掲載されていない。つまり、商社から見て孫会社以下の FDI は、本社の管轄外にあるので、現地法人による投資として扱われている。『海外進出企業総覧』は、原則として「日本本社による直接投資」のみを対象としている（輸出入銀行の統計も同様）ので、こうした FDI に関しては、商社の海外事業管理部門のごく一部の管理者だけが実態に通じているに過ぎない。したがって、ここで見出した FDI 件数が、商社 FDI の全貌を示すわけではない。
（8） このように、洞口の「撤退」の定義には問題があるが、政府の資料に依存する限り避けがたいものである。その欠点を補うために、洞口は、詳細な事例研究を行っている。これらの事例研究は、まさに白眉と言うべきである。しかし、今後の課題としては、ハーバード・グループのような研究、つまり政府公刊資料に依らない、自ら作成した大量データに基づく、根拠の確実な「撤退の研究」が待たれる。

第6章　ローカル・ベンチャーからグローバル・ビジネスへ——「埋め込み」の力——

はじめに

　この章では、ボーン・グローバル・カンパニー（BGC : born global company）の一例としてシルク・ドゥ・ソレイユ（Cirque du Soleil：以下シルクと略称）を取り上げ、その発展に「埋め込みの力」（the power of local embeddedness）がどのように作用したかを検証する。

　シルクはカナダのケベック州、モントリオール市が生誕の地である。現在、市郊外に国際本部が置かれ、周辺には国立サーカス学校（La ToHu）などの関連施設が立地している。ケベック州には、シルク以外にもカナダを代表するBGCが多く存在する。著名な企業には、ブラックベリー（携帯電話）の「リサーチ・イン・モーション」（ウォータールー市）、マルチスクリーン3Dシアターで有名な「IMAX」（モントリオール市）が本拠を構えている。その他として、IT・ソフトウエア（とくにゲーム）、航空宇宙関係の中規模企業が立地している。

　カナダは資源に恵まれ、優れた大学や技術開発センターを有するが、人口が少なく市場が狭小であり、隣国のアメリカに市場を求めることが多い。そのため、カナダにはBGCが多く誕生する。

　ケベック州はフランス語圏であり、フランスの伝統的な文化の下地がある。フランス系住民が人口の7割以上を占め、基本的に教育はフランス語で行われる。マックギル大学では8割近くが英語で授業がなされると聞くが、これは例外的なようだ。近隣都市のトロントが英語圏であるのに対し、地理的に近い距離にあるモントリオールが異なる文化圏にある。しかも、1960年代

まで、ケベック州は英語圏に対して文化的に孤立しており、英語圏の人々と対立する場面も多かった。ケベック州のモントリオールは、異質な言語や文化が混じり合う境界地帯である。その「場所の特異性」が、企業者を含むイノベーション発生の苗床となった。カナダの BGC は、ケベック州の文化融合と無縁ではない。ではなぜモントリオールでシルク・ドゥ・ソレイユが誕生したのか。その理由を探っていきたい。

1　ボーン・グローバル・カンパニー（BGC）研究の分析枠組み

従来の BGC の研究が、企業が誕生した場所の地理的特殊性、われわれの用語で言うところの「ローカルの埋め込み」（local embeddedness）を重視した研究を行ってきたかと問うと、必ずしもそうではなかった（高井 2007, 2008；中村 2008）。BGC の研究者が注目したのは、誕生したばかりの小企業・ベンチャーが、古典的な多国籍企業理論が想定していた発展パターン（国内で成長・シェア拡大、十分な競争優位を獲得してから輸出に転じ、さらに時間をおいて海外直接投資に向かうスローな成長曲線）を経ずして、ハイスピードの海外展開（設立 2-3 年で輸出を開始）を行い、あっという間にグローバル市場でのプレイヤーに成長する現象である。つまり、「生まれながらのグローバル」（born global）というわけである。これは、自国市場の狭小さと、90 年代以降の技術伝播の加速化（IT 化）が原因と考えられている（高井 2008、140-141 頁）。

まず市場の狭小性に関しては、BGC の研究対象が国内市場の小さな国が選ばれている。BGC の出身国として、オーストラリア（Cavusgil 1994）、デンマーク（Madsen, Rasmussen & Servais 2000）、ノルウェー、デンマーク、フランス（Moen & Servais 2002）、イスラエル、フィンランド（Gabrielsson & Kirpalani 2004）が選ばれ、小規模企業が調査対象となっている。フランスを除けば、ほとんどの調査対象国は内需の小さな国である。古典的多国籍企業が想定している本国は、アメリカ、ヨーロッパの主要国、および日本であり、自国市場が大きな国である。その意味で、BGC の研究対象は、第一に、市場が狭

第6章　ローカル・ベンチャーからグローバル・ビジネスへ：「埋め込み」の力

小な国の、ニッチに特化した中小企業で、直接投資ではなく輸出やサービスで海外展開する「輸出志向の中小企業（SMC）」である。通常、古典的多国籍企業論では、大企業の直接投資が主題であり、輸出は国際ビジネスとしてはさほど重視されない。

　BGC研究の第二の特徴は、ICT（情報・コミュニケーション技術）やソフトウエア関係の中小企業の研究である。この場合、おもな調査対象がシリコンバレーのベンチャー企業であっても、ICTは世界普遍なので、企業が生まれた場所の「社会的埋め込み」に着目することは少ない。このように、従来のBGC研究は、BGCの成長速度に注目し、企業の個別的な特徴を羅列的に比較することが主眼となっていた。

　しかしながら、従来の研究の中で、2つの研究がわれわれの意図するテーマに示唆を与えてくれる。その第一は、企業者の役割に着目したマッドセンとサーヴァイス（Madsen & Servias 1997）の研究である。彼らの分析枠組みでは、①創設者（過去の体験、野心、動機）、②組織（コンピタンス、ルーチン、企業統治構造）、③環境（市場国際化、ハイテク／ローテク、専門化）の3変数（カッコ内は代理変数）が、ボーン・グローバル（特質と発展性）を決定する。このモデルは各国のBGCを比較研究するために作られている。このモデルでは、創設者（Founder）の個性に着目するが、彼を生み出した土地柄や社会環境までは視野が及んでいない。しかし、創設者（イノベーター）は真空から生まれるのではなく、ある条件を備えた社会的および経済的状況下で発生する。BGCはどこにでも普遍的に発生するのではなく、ある種の環境条件が整うことが必要である。条件がそろった場合、そこからイノベーターが生まれ、彼が社会に埋設されている様々な経営資源やネットワークのポテンシャルを発見し、結合し、利用することによって、初めてビジネスモデルが作られる。マッドセンとサーヴァイスのモデルは、創設者の特性に注目した点で評価できるが、「場所」という重要なファクターを見落としている。

　第二は、ナイトとカブスギル（Knight & Cavusgil 2004）の分析枠組みである。ナイトとカブスギルは、ネットワーク理論に立脚して、①組織文化、②事業

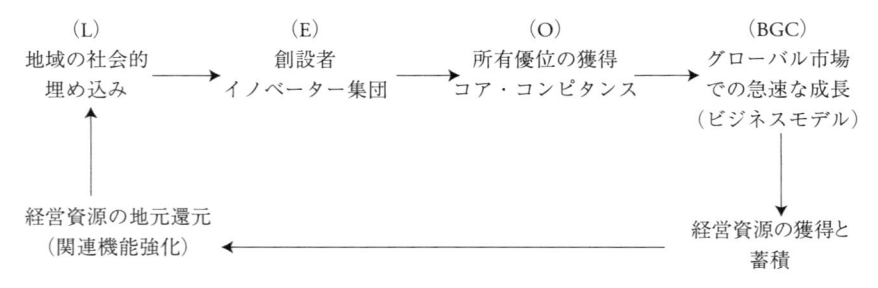

```
   (L)              (E)              (O)              (BGC)
地域の社会的  →   創設者       →  所有優位の獲得  →  グローバル市場
 埋め込み       イノベーター集団   コア・コンピタンス   での急速な成長
   ↑                                                （ビジネスモデル）
   │                                                     ↓
経営資源の地元還元                                   経営資源の獲得と
 （関連機能強化）    ←──────────────────              蓄積
```

図 6-1　ボーン・グローバル研究のための「埋め込み」モデル

戦略、③業績、の3変数を分析単位としている。①の組織文化は、「国際的企業家志向」、「国際マーケティング志向」の2変数で定義し、②の事業戦略は「グローバル・テクノロジカル・コンピタンス」、「ユニークな製品開発」、「クォリティー・フォーカス」、「海外流通業者のコンピタンス活用」の4変数、③の業績は「国際市場における業績」の1変数で構成されている。このモデルは、組織文化と事業戦略を重視する点で、われわれの考え方に近いが、それらの変数がどのように「ローカルの埋め込み」と関連するかは明らかにしていない。その主な原因は、ICTのネットワークは「場所に制約されない」グローバルな広がりを持つ、フレキシブルなオープン・システムであり、それに立脚するBGCもまたオープン・アーキテクチャであると仮定するからであろう。しかし、われわれのカナダでのBGC調査に関する限り、オープン・アーキテクチャであるよりも、クローズト・アーキテクチャのBGCが主流であった。とくに、本章で取り上げるシルク・ドゥ・ソレイユは、典型的な「摺り合わせ型」企業なのである。その作品の作られ方も、これ以上は考えられないほどのインテグラル志向である。

　われわれは、マッドセンとサーヴァイスの「創設者（イノベータ）」とナイトとカブスギルの「事業戦略」（コア・コンピタンスとビジネスモデル）の変数を組み込んだ新しい分析モデル（作業仮説）を提示したい。それを示したのが図6-1である。ここでは、図6-1を、ボーン・グローバルの「埋め込み」モデルと呼ぶことにする。

　（L）は、ダニングの「折衷パラダイム」の中の「立地優位」を意味して

第6章　ローカル・ベンチャーからグローバル・ビジネスへ：「埋め込み」の力

いる。われわれがとくに重視するのは、「ローカル経済に埋め込まれた」様々な社会的ネットワークや経営資源が持つポテンシャルである。これを、「埋め込みの力」（the Power of Local Embeddedness : PLE）と呼ぶことにする。

　（E）は、企業者の役割（the Role of Entrepreneurship）である。世界各地には優れた「埋め込み」を持つ特定の場所は並列的に存在するだろう。シルク・ドゥ・ソレイユを例にとるなら、サーカスの起源は3000年前のローマ帝国時代のCircus Maximus in Romeに遡る（Halperin 2009, p.14）。サーカスの伝統は、スペイン、フランス、ロシアなどヨーロッパの各地に存在する。むしろ、カナダのケベック州は、サーカスの伝統が希薄で、フランスからのサーカスの巡業がたまに訪れる辺境の地に過ぎなかった。その意味で、シルクの誕生は、創業者（イノベータ）のギー・ラリベルテ（Guy Laliberté）と彼を取り巻く友人たちの才能に依存していた。

　（O）は、ダニングの「折衷パラダイム」の所有優位である。シルクを例に出すまでもなく、すべてのBGCが創業初期の段階で、その後の発展を決定づける（O）優位を確立している。シルクは「ヌーベル・サーカス」という新しいコンセプト（動物を使わない舞台芸術としてのサーカス）、リサーチ・イン・モーションは使い勝手のよい携帯電話システム（ブラックベリー）、IMAXは3Dビジョンを1台の映写機で映す技術革新で頭角を現した。どれもが、新しい技術結合でグローバル市場を開拓している。この（O）優位をコア・コンピタンスとした新しいビジネスモデルの創造を通じて、W・チャン・キム＆レネ・モボルニュ（Kim & Mauborgne 2005）の提唱する「ブルー・オーシャン」を獲得した。

　（BGC）は、成功する「ビジネスモデル」を意味している。（O）優位をコア・コンピタンスとした周到に練られた「ビジネスモデル」が、持続する収益性を保証している。この「ビジネスモデル」によって、短期間にグローバル市場で急成長を実現した（ブルー・オーシャン戦略）。ビジネスモデル分析が、この変数の中心概念になる。同時に、「業績」を意味する変数を代理（リプレゼント）している。

　この（BGC）変数は成果として、「経営資源の獲得と蓄積」を果たし、そ

れが「経営資源の地域還元」として地場の「関連機能の強化」に再投資される。具体的には、シルク・ドゥ・ソレイユによる国立サーカス学校(ラ・トゥユ)への寄付や衣装関連の研究開発・縫製加工の繊維産業の育成・雇用の増加などに繋がる。こうした再投資や地場の経営資源の蓄積が、「ローカル経済」の強化をもたらし、それが、BGCの優位(O)の強化につながる「良循環」をもたらす。われわれが強調する「埋め込み」モデルは、持続する競争優位が、このような生態学的「良循環」によって保たれる、という点を強調する。次に、この「埋め込み」モデルに基づいて、シルク・ドゥ・ソレイユを分析する。

2　シルク・ドゥ・ソレイユの魅力とビジネスモデル

シルクは初期の頃、ストリート・パフォーマの集団として発足した。本格的にサーカスへ移行したのは1984年である。モントリオールを中心に活動した後、早くも1992年にラスベガスのホテル「ミラージュ」の隣にビックトップ(移動式大型テント)を開設、「ヌーベル・エクスペリエンス」を上演、高い評価を得た。翌1993年にはラスベガスのホテル「トレジャー・アイランド」の開業に合わせ、ホテル内に専用の劇場をオープンした(西元2003、130頁)。この国際展開のスピードはシルクが典型的なBGCであったことを示している。

シルクの魅力、差別化の源泉はどこにあるのか。シルクはサーカスや舞台芸術、アスリートの競技など、既存の良いものを上手く引き出し、それらを再構成して、今まで誰も見たことのない世界を演出し、観客に大きな感動を与える。シルクは、ドラマでもないし、ミュージカルでもないし、サーカスでもないし、中国の雑技でもないが、それらのすべてを包含した舞台芸術である。つまり、シルクを体験することは、上質のファンタジーを経験し、新しいサーカスの演技に堪能し、ムーランルージュのミュージカルのような大規模な舞台装置や音楽に圧倒され、アスリートの卓越した才能やサイケデリックな衣装に魅了されることである。つまり、「見たことのないもの」の視

覚化である（西元 2003, 2008 ; Kim & Mauborgne 2005 ; Heward & Bacon 2006）。

　しかし、シルクの一つ一つの演技は奇をてらうものではなく、むしろオーソドックスである。難しい技であっても、いとも自然に演技し振る舞っている。一つ一つの演技を繋ぐものとして、ストーリー性やファンタジーがさりげなく織り込まれている。演技とストーリーが一連の流れとしてファンタジーを構成し、観客を魅了する。これは、観客が舞台芸術に「目の肥えた」人々であることを暗黙の前提としている。他方、開演前とか演技と演技の間には舞台装置の準備などの「間」が生じる。この「間」を埋めるのが、クラウン（道化師）の活躍である。観客を巻き込んだ彼らの笑いや観客を舞台に引き上げて共演させてしまう道化の振る舞いが、緊張しがちな観客の心を和ませ、アット・ホームな雰囲気を醸しだす。すべてが上質のユーモアとハイセンスに包まれている。

　このように、シルクは「クオリティー」の高さを売り物にしたビジネスモデルであり、高級ブランドの有名店と同じような接客スタイルを採っている。上質な顧客満足が売り物なのである。その結果、入場料はかなり高額に設定されている（どこの国でも一律1万円以上）。

　シルクの魅力は、人間性を含めて、芸の質が最上級の人々を起用することである。サーカスの演技者やアスリートにとって、シルク・ドゥ・ソレイユで出演の機会を得ることは、「最高」の評価を得たことに等しい。しかも、シルクから声が掛り、舞台で演技を披露するまでには、長い期間の演技訓練と筋力トレーニングが待っている。シルクの演技は観客を満足させるショーであり、多くの共演者との協力が不可欠なので、ショーマンシップとチームワークを学ばなければならない。しかも、演技者は多数の国、文化圏からやってくる多国籍チームとなる。文化や言語の違いを越えるだけでなく、共通言語としてのフランス語を身につけなければならない。しかも、ビック・トップ（サーカス用の大型テント）で世界各地の大都市を巡回する。その意味で、シルクの人々は、強い団結力で結びあう「ファミリー」の一員でなければならない。つまり、人的資源管理の良し悪し、組織の凝集性が、パフォーマンスの出来栄えや安全性に影響する（シルクは通常、舞台を美しく見せる

ために安全ネットを使わない。その代わりに、演技者をワイヤーで吊る独特な安全管理を実施している）。シルクのビジネスモデルのコアに当たる部分に、演技者のコーチングやヘルスケア、科学的なトレーニング方法、食事を含む健康管理などのノウハウが埋め込まれている。

3　シルクを生んだモントリオールの雰囲気とギー・ラリベルテ

　モントリオールの土地柄と創業者のギー・ラリベルテ（Guy Laliberté）の性格を抜きにしてシルクのビジネスモデルは語れない。不思議なことに、ケベック州にはサーカスの伝統は全くない。シルクが結成される 1980 年代まで、サーカスと言えば、リンリン・ブラザース（Ringling Bros.）やバーナム・アンド・ベイリー（Barnum & Baily Circus）のサーカスが時々訪れるだけであった。1959 年生まれのギーは子供の頃、両親に連れられてサーカスを見たが、後年「ちっとも面白くなかった」と述懐している（Halperin 2009, p.15）。つまり、ギーは、伝統的なサーカスには興味がなかったのである。

　閉鎖的だったケベック州が文化の門戸を開いた 2 つの重要な出来事があった。一つは、カナダ建国 100 周年を記念して企画された 1967 年のモントリオール世界万国博覧会、もう一つは 1976 年の夏季オリンピック（ケベック大会）である。前者は、モントリオールに多くの外国人がやって来て、見たことのない風俗、食べたことのない料理、聞いたことのない音楽が持ち込まれた。これを契機に、モントリオールは文化的多様性に寛容な街に変わっていく。少年のギーにとって、とくに重要な変化は、ヒッピー文化の流入だった。

　もう一つの出来事、1976 年の夏季オリンピックは、モントリオールに体育ブームをもたらした。たまたま、サーカスの練習場とジムナジウムのトレーニング場が同じ場所で行われていた（Babinski 2004, p.47）。その後、体育の教員などが、ここで覚えたジャグリング、竹馬乗り、玉乗りなどを体育の教育に取り入れ、カナダのサーカス人口の底辺を広げていった。また、サーカスも、アスレチックの要素を身につける契機となった。

第 6 章　ローカル・ベンチャーからグローバル・ビジネスへ：「埋め込み」の力

　モントリオールの万博以降、流入してきたヒッピー文化は、シルクの成立に極めて大きな影響を与えた。シルクの成立には、ギー以外に、少なくとも 3 名のキーパーソンが関わるが、彼らはみなヒッピー出身である。ギー・ラリベルテに影響を与えたのは、ジル・サンクロワ（Gilles Ste-Croix）で美術セットを担当、ギー・カロン（Guy Caron; クラウン、ジャグリング、サーカス学校の創設）が演技担当、レネ・デュペ（René Dupéré）が音楽担当である。彼らはギーとともにヒッピーのコミューンで生活していた。シルクの組織文化は、仲間に対しては開放的・平等性（エガリタリアニズム）を重視しながら、外部世界に対しては極めて閉鎖的なのは、このヒッピーのコミューンから来ている。

　彼らクリエイティブ集団は予算を気にせず、「良いものを創ろう」という姿勢で一貫した。それがいい作品をいくつも生み出し、シルクの名声を高めた。しかし、10 年ほどで財務的な限界に至った。ギー・ラリベルテが賢明だったのは、彼らがシナリオと舞台芸術に特化し、シルクの経営、とくに財務とマーケティングを専門家に任せる決断をしたことである。

　最初の社長はダニエル・ゴーティ（Daniel Gauthier）であったが 2000 年に引退した。2001 年にはケベックで最も大きな TV 放送会社 TVA グループの社長で CEO だったダニエル・ラマー（Daniel Lamarre）をシルクの CEO 兼社長に招いた。ギー自身はこの時、「クリエイティブ・ガイド・アンド・ファウンダー」という肩書に変わっている。ギーは経営の第一線から身を引くことで、戦略的意思決定ができる人材を獲得した。このアーティスト集団と専門経営者グループの機能的分業と最適なバランスが、その後のシルクの飛躍的発展をもたらした（西元 2008、125 頁）。

　シルクの様々なアイデアは、ギー・ラリベルテの才能に由来するが、ギー自身はこの多彩な能力をどのようにして身に付けたのだろうか。ギーは 1959 年に、音楽好きの両親の下に生まれた。父はアルキャンの管理職でアコーデオンの愛好家、母は美容院を経営する歌の上手な優しい人であった。彼のビジネスセンスは親譲りと言われている。彼の友人によると、ギーは好奇心が強く、たいした努力をせずとも成績は良かったという（Babinski 2004, p.23)。彼は 14 歳でフォークソングに熱中するが、そのきっかけはザッカリー・リチャード（Zachary Richard）のフォークソングを聞きに行ったことであるという。そこでギーは、リチャードに「ルイジアナに遊びに来ないか」と声を掛けられ、「行きます」と答えた。その後、ギーは学校の仲間に呼びかけ、渡米を企画し、学校を説得し、寄付を募り、ついにルイジアナまで行っている。こうした企画力、説得の能力、行動力は、後に彼がシルクを組織する時に役立っている。

　ギーは 1978 年に放浪の旅に出た。1,000 ドル以下のお金とアコーデオン、ハーモニカ、ハープを抱えてロンドンのヒースローに到着した。その晩はハイドパークのベンチで寝たという（Babinski 2004, p.25-26）。ところが、英語が下手だったのでイギリスに見切りをつけ、フランスに渡ってパリに住むことになった。そこで、多くのストリート・パフォーマに出会うことになる。彼自身も、フォークソングの演奏だけでは食べていけず、仲間から教わったジャグリング、竹馬乗り、火吹きなどの芸を披露した。彼がモントリオールに帰ってきた時、その流れで、ヒッピーのコミューンに参加し、ストリート・パフォーマの仲間と演技するようになった。

4　シルクの競争優位とコンピタンス

　伝記作家のハルペリン（Halperin 2009, p.19）は、ジル・サンクロワがいなければ、シルクは生まれなかったと述べている。ジルは人口 3,000 人のケベック州の町に生まれ、20 歳代までヒッピーだった。その後、西海岸に出て、バンクーバー、サンフランシスコを転々とした。1970 年代の中頃、彼はケベックに帰り、ケベック全体にヒッピーのネットワークを広げた。彼の運動は、「自給自足」と「エコロジー的に健全」を目指した。

　ジルは、サーカスのスキルを演劇パフォーマンスに結びつけるというアイデアを持っていた（Babinski 2004, p.21）。彼はバーモントに近いビクトリア・ビレで 2 つのコミューンを結成し、「実験劇場」（"Bread and Puppet"）で、いろんなことをやってみた。この実験劇場に周辺のヒッピー仲間を呼んで、一

第 6 章　ローカル・ベンチャーからグローバル・ビジネスへ：「埋め込み」の力

緒に活動していた。

　1979 年、ジルはケベック市に引っ越し、夏だけ開かれる La Balcon Vert というユースホステルに雇われた。若い旅行者のためにエンターテイメントを企画するのが彼の役目だった。ここで彼はギー・ラリベルテと出合う（Babinski 2004, p.24）。また、同じ場所で、ギーはシルクのチーフ・アドミニストレーターになるダニエル・ガルシア（Daniel Gauthier）に出会う。彼は、「ギーがシルクの生みの親ならば、私はギーの生みの親」といってはばからなかった（Babinski 2004, p.25）。ギーも「シルクは皆で一緒に作ったんだ」と言って創始者であることを否定している（Babinski 2004, p.25）。

　他方、ギー・カロンは、役者、道化師、ストリート・パフォーマだった。彼はシルクの最初のアートディレクターになり、活躍した。彼は、最初からサーカスに魅了されていた。そこで、70 年代の初頭に、Chatouille et Chocolat（Tricks and Chocolate）の道化師になった。1974 年、彼はハンガリーのサーカス学校に呼ばれ、一躍、ケベックで有名になった。彼はハンガリーでたくさんのサーカスを見ている。彼は 24 カ月かかるサーカスの研修を半分で済ませて帰国、そこから実験的な方法の模索を開始した。彼の帰国の目的は、カナダで最初のサーカス・スクールを創ることであった。1981 年、彼はコミュニティーセンターのフリー・スペースを使わせてもらい、サーカス学校（École Nationale du Cirque）を開設した。この組織はシルクの子会社になったことは一度もないが、初期の段階でシルクに人材を提供した。現在、このサーカス学校は正式の大学に昇格し、シルクから多額の寄付を受け取るようになったが、あくまでも独立の組織として活動している。シルクがしっかりとしたサーカスの伝統を踏まえているのは、ギー・カロンの貢献が大きい。

　ギー・ラリベルテを含むヒッピー仲間は、1979 年～ 80 年に最初の試みを開始する。1980 年、ジル・サンクロワは、ケベックの文化促進を名目にして、ケベック州政府に資金援助を申し込んだが、断られた。次に、1982 年に、ストリート・パフォーマの大会（Féte Foraine）を企画し、開催にこぎつけた。ギー・ラリベルテがこの大会のジェネラル・マネジャーになった（Babinski 2004, p.35）。ここから彼の才能が花開いていく。

1982年7月に最初のストリート・パフォーマ大会が開催され、成功のうちに閉幕、翌1983年、84年と継続された。初年度は入場料が無料だったため赤字になったが、翌年は1ドルの入場料を取った。テントを持つようになった84年は5ドルの入場料を取るようになり、やっと黒字転換を遂げた（Babinski 2004, p.41）。ギー・ラリベルテは、ストリート・パフォーマの大会を収益の上がるサーカスに変えつつあった。この時点で、サーカス学校を運営していたギー・カロンがワークショップに招かれ、本格的なサーカスへの道が開かれた。

　このストリート・パフォーマの大会は、ケベック州450年祭の一環として開催された。ケベック州組織委員会は、ケベック・サーカス・コンセプトの提案に対して、3万ドルの資金援助を許可した。つまり、シルクの創設に対し、州政府の助成金が役割を果たしたのである。しかし、資金援助は長く続かなかったので、ギーは1983年頃から、シルク・ドゥ・ソレイユのアイデアを温め始めた。ギー・ラリベルテとギー・カロンは、シルクのコンセプトを形成するために多くのサーカスを見て回るようになる。アートへの目覚めは、1982年にカナダにやってきた中国のサーカス（雑技団）であったという（Babinski 2004, p.62）。音楽、衣装、振付、バンド演奏のどれを見ても彼らは感動した。「ワオ、これはショーじゃないか。われわれには、馬も動物もいらない」、「肉体のパフォーマンスが繋がっている」というのが彼らの感想だったという（Babinski 2004, p.62）。シルクの演技には、中国雑技から来たアクロバットやサイケデリックな衣装が目を引くが、それはこの時の印象がいかに強烈であったかを物語っている。

　ギー・カロンが目指したものは「美しいサーカス」だった。そのため、ラリベルテとカロンは、いろんなサーカス、パフォーマンス、舞台芸術を見て吸収し、一つのコンセプト、「シルク・ドゥ・ソレイユ」を形成していった。それは、単なるサーカス芸ではなく、芸と芸を繋げてストリートラインを組み立てるという画期的なコンセプトであった（Babinski 2004, p.62）。

5 シルクの競争優位の源泉

シルクの競争優位の第一の源泉は、言うまでもなく、その作品群の素晴らしさにある。これはギー・ラリベルテの才能に帰す部分もあるが、彼を支える友人たちのサークルが重要である。その中で、とくに要の人物がジル・サンクロワである。ジルは、「クリエイティブ・コンテンツ・アンド・新規プロジェクト部門」担当の役員を歴任（2001年に長年の念願であった馬のショーを創るためにシルクを離れるまで、「ディレクター・オブ・クリエイション」を担当）、いくつもの作品を監修している。彼の役割は、「新しい作品を開発するも、既存の作品の質を管理し、存続させることに責任を負う」（西元2008、27頁）ことである。彼は、アーティストの頑張りを褒め、元気づけ、時にはムードメーカーになって作品の質を上げていく役割を担った。つまり、現場のリーダーと言える。彼は、「ショーはまるでドラックだよ。すばらしいアーティストを見つけたとき、ディレクターと一緒にショーを作れば、すばらしいものになるぞと思い、それをショーで実際に見て観客の歓声を聞いたとき、魔法の瞬間を味わうのさ」（西元2008、28頁）と語っている。ギー・ラリベルテは、感動をカネに変えるビジネスモデルを創ったが、感動の企画・製作はジル・サンクロワが大きな役割を果たした。ジルの下には多数の人材が育ち、シルクの新しい作品を次々と生み出した。

シルクの競争優位の第二の源泉は、マーケティングの能力である。シルクのマーケティング部は、綿密な市場調査を行う。このプロジェクトは採算がとれるのか、という観点から綿密な企画書を立ち上げる。このノウハウは西元（2003, 2004）など、限られた資料でしか公開されていない。そこで、シルクのマーケティング調査のやり方を知るため、2011年3月末に、シルクでインターンシップを経験したヨーク大学チューリッヒ経営大学院の学生（H.V.氏）にインタビューを行った。彼の取材から、シルクの競争優位の一つであるマーケティングの実態を紹介する。

シルクの国際本部は外部者の訪問を厳しく制限している。その理由の一つ

は、国際本部が、①アーティストの訓練や新作のリハーサル、②舞台で必要なシューズ、衣装、メイクアップ、装飾などの開発と製作を行っているからである。とくに新作のリハーサルはカーテンで覆われ、部外者には公開されない。舞台芸術は著作権などの特許で保護されることが難しく、模倣のリスクを避けるためリハーサルは部外者から隔離されなければならない。とくに衣装の製作は慎重に行われている。体の動きがしやすいように作るのにはスキルがいる。水中でサーカスをする場合は、水を吸わない素材で服を作らなければならない。製作はすべてモントリオールで行われる（門外不出）。コスチュームのデザインは非常に難しく、シルクのマーケティングにも大きな影響を及ぼしている。こうしたトップ・シークレットを守るため、シルクの国際本部は外部に対して閉鎖的である。

　シルク・ドゥ・ソレイユは伝統的サーカスが持つ「同族性」（血縁関係でサーカス芸を支えるシステム）を否定し、多様な人材を集めるオープンな性格を持つが、ショーとしての「芸術性」を高めた結果、特有の閉鎖性を旧来のサーカスから引き継いだとも言える。つまり、シルクの組織文化には、ヒッピーのコミューンとサーカス・アーティストという二重の閉鎖性が同居している。その意味で、シルクはやはり「サーカス」世界の住人なのである。

　シルクは一つのショーの製作に約4年をかけている。アイデアから完成まで、常にギー・ラリベルテがチェックする。どんなショーでもモントリオールから始めることになっている。まず、ビックトップで50～60日興行して、ギーを始めとするトップ・クリエイターが演技やコスチュームを監修、修正を加える。ショーの完成後、ロンドンなどの大都市で興行を開始する。マーケティング・チームは、次の行き先の場所（都市）を決める。「シルクがやってくる」という期待や興奮を高めるため、大都市でも2～3年に1回しか興行しない。ロジスティクス担当は、場所、現地での雇用、アーティスト他の職員の宿泊するホテルの確保などを担当する。マーケティング部は、宣伝（言語）を担当するが、とくに宣伝文章の言葉に注意している。各ショーの宣伝は、現地のマーケティング・マネジャーが担当する。マーケティング部門には、マーケット・インテリジェンス・システムがあり、ブロードウェ

ー・ショーが開催される日など、競争相手とぶつかりそうな日時をチェックしている。どうしても開催日の調整がつかない時は、他の場所へ行くようにしている。たとえば「ランキンショー」が開催されると、子供客が取られてしまう。そういう時には、別の場所で開催する。最上級のチケットは500ドルもするので、どのくらいの入場者が期待できるか、需要予測は死活的な重要性がある。たとえば、日本でフジテレビとパートナーを組む理由は、フジテレビの宣伝力に期待しているからである。

マーケティング部の次のターゲットは中国である。ラスベガスの常設ショーに多数の中国人客が訪れるので、彼らが何人来るか市場調査している。このデータをもとに、将来中国でどの程度の入場が期待できるか需要予測を開始している。マカオにはすでに常設会場がある。次のステージは上海、北京である。中国ではよいパートナーが得にくい。様々な規制が存在している。しかし、将来期待できる市場はアジアであることは自明になってきている。また、一つのショーの開発には、3〜4百万ドルの費用を要する。シルク単体で、この開発費を負担することは難しくなっている。そのため、最近では、ジュエリー部門を持つブルガリとの提携も推進している。サーカスで贅沢な宝石類の販売を行っている。また、リーボックと提携してスポーツ・シューズを開発している。ZUKARIとは、柔軟性のある服や靴の開発を行っている。そのほか、アウディ、日産、アメックスと協賛してマーケティングを展開している。シルクの強さの源泉は、マーケティング部によるところが大きい。

むすび　ローカルの「埋め込み」の力

シルク・ドゥ・ソレイユの創造性はモントリオールの国際本部に凝集している。シルクの作品作りは典型的なインテグラル（摺り合わせ型）であり、ディファレンシャルやモジュラー寄せ集め型ではない。シルクは組織文化としては、ヒッピーのコミューンに特有な開放性や平等主義的（個人所有の否定、共有制の強調）をベースにしているが、外部に対しては閉鎖的・秘密主義的である。シルクの創造性は内部組織に凝集されているように見える。

しかし、シルクの創造性を具現化するのは「ローカルの埋め込み」である。シルクを支える様々なコンピタンスが、ラ・トウュ（サーカス学校・大学）を含むモントリオールの「地場産業」からもたらされる。シルクの「持続する競争優位」は、シルクがグローバル・ビジネスとして獲得し、蓄積した経営資源（富）をモントリオールの関連施設に再投資し、「ローカルな埋め込み」を強化していることにある。この生態的循環（相互依存・生産的交流）が、モントリオールの地場産業とシルクの双方を強い絆で結び付け、相互の発展をもたらしている。多くの研究者がBGCを本国から遊離した「根なし草」（ディアスポラ：Jones 2005, p.36-37）のように捉えているが、これは誤解というものである。古典的な多国籍企業が本国の市場に由来する以上に、BGCは自身が誕生した地域のビジネス生態系に深く根ざしている。そして、BGCの成長は、自らが地域のビジネス生態系に資源をつぎ込み、苗床を肥沃にすることで自らが成長するという恩恵を得るような仕組みを創りだしている。こうしたビジネス生態系の相互的な発展の仕組みを、われわれは「埋め込みの力」（the Power of Local Embededness）と呼ぶ。「埋め込みの力」のないところには、BGCは生まれない。したがって、BGCを数多く発生させるためには、地域経済の蓄積を豊かにしなければならない。その地域経済は閉鎖的であってはならず、モントリオールのような文化的な多様性・開放性を備えていなければならない。地域経済のデザインにはグローバルな視点が欠かせないのである。

　　謝辞：本章は、大阪商業大学アミューズメント研究所から研究資金の援助を得てなされた。モントリオールとトロントでの調査では、共同研究者のマティアス・キッピング教授（ヨーク大学チューリッヒ経営大学院教授）に助けられた。記して感謝としたい。

第7章　制度設計の失敗と多国籍金融業の行動
——金融危機の一考察——

はじめに

　本章は、「制度設計の失敗」という概念を提示し、その概念に基づいて、2008年9月以降のリーマンショックに端を発する世界同時不況を分析する。ウォール街を中心に生まれた「投資銀行」というビジネスモデルが、世界の金融市場を席捲するためには、過去の規制的な金融制度の枠組みを解体ないし換骨堕胎する必要があった。2000年のITバブル崩壊と9.11同時多発テロで不況に陥っていたアメリカ経済の再起には、金融国家への道を模索する必要があった。ブッシュ政権は、国の外部に対してはイスラム原理主義に対する戦争を遂行し、国の内部に対しては不動産バブルの形成によるドル還流システムを強化した。このドル還流システムが「制度設計の失敗」を招き、金融危機を招くことになった。ウォール街を中心とした金融集団の「ローカルな埋め込み」がマイナスに作用した。

　この章では、金融自由化が行われていく中である種の「集団思考」が発生し、後に金融危機を誘発するような制度改革が行われていった様子を明らかにする。また、制度改革を推進する担い手として、多くの多国籍企業がそれに直接的・間接的に関与したプロセスを明らかにする。最後に、グローバル金融制度の監視と規制の必要性を指摘する。

1　「制度設計の失敗」の分析枠組み

　サブプライム問題に端を発したアメリカの金融危機は、瞬く間に世界に拡

大した。とくに、2008年9月のリーマンブラザースの破綻以降、世界経済は地滑り的な不況に見舞われている。2011年現在、先進諸国・地域の不況は回復基調が見られず、8月には世界的株価の下落が起こり、先進国の経済は予断を許さない状態が続いている。アメリカの住宅価格は下げ止まらず、失業率は9％を超え改善が見られない。今回の世界同時不況は、アメリカの過大な消費と財政規律の緩みが発端となっている。1930年代の世界恐慌は、過小消費が原因とされた。したがって、ケインズの「有効需要の創造」が解決策たりえた。今回の不況は前回とは様相を異にしている。先進各国は、緊急避難的にケインズ政策へ回帰しているが、明確な理論に基づく解決方法（出口政策）が示されたわけではない。その意味で、今回の世界不況は過去の経済学ではうまく説明できない現象のようである（Krugman 2009；佐伯啓思 2009）。

　今回の不況は、グローバルな金融機関による「過剰なリスクテーク」による金融制度の破綻が原因と言われている（Tett 2009）。この過大なリスクテークの原因と考えられるのが金融工学を駆使したデリバティブであった。しかし、一つのファンドや投資銀行が過剰なリスクテークを行ったのなら、部分的な失敗で済んだだろう。今回の金融破綻は、その規模と広がりにおいて1929年以来の出来事である。金融破綻を拡大させた原因に制度設計の失敗と「集団思考」（group think）の罠が関係していたと考えられる。本章では、これが連鎖的破綻の原因だったという仮説を提示する（Bookstarber 2007）。大規模な金融機関は、いまや世界的営業網を持つ多国籍企業である。破綻の世界的連鎖は、金融機関の多国籍化によって速やかに拡散した、というのがここでの主張である。

　「経済制度の設計」は、すでに先駆的な業績として、鈴村・長岡・花崎編著（2006）などがある。本章では、従来のアプローチとは少し違った角度から問題を提起したい。ここで言う「制度設計の失敗」とは、政治権力者および行政担当者（合わせて「為政者」と呼ぶ）が、十分な配慮なしに経済・社会制度を設計し、あるいは一定の意図（strategic intent）のもとで既存の制度の設計変更を行うことによって、想定外のシステミック・リスクを発生させ

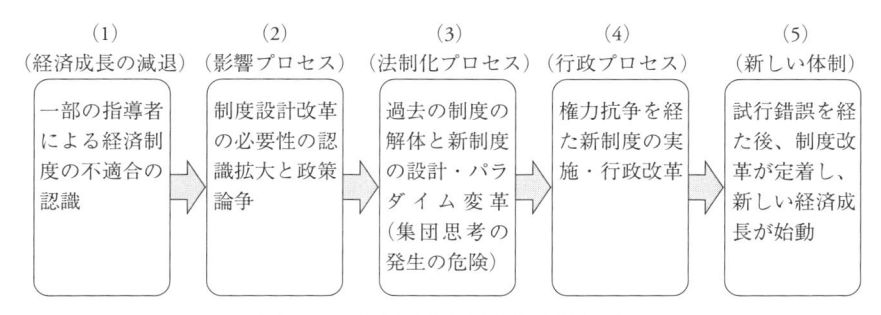

第 7 章　制度設計の失敗と多国籍金融業の行動：金融危機の一考察

(1)	(2)	(3)	(4)	(5)
（経済成長の減退）	（影響プロセス）	（法制化プロセス）	（行政プロセス）	（新しい体制）
一部の指導者による経済制度の不適合の認識	制度設計改革の必要性の認識拡大と政策論争	過去の制度の解体と新制度の設計・パラダイム変革（集団思考の発生の危険）	権力抗争を経た新制度の実施・行政改革	試行錯誤を経た後、制度改革が定着し、新しい経済成長が始動

図 7-1　制度設計の失敗と集団思考

る現象を指す。ここでは、必ずしも、為政者の「悪しき意図」（悪意）を想定していない。むしろ、ある種の「善意」や「信念」を持ち、アカデミックな世界や経済界で信じられている「パラダイム」に則った政策を立案・実行する過程で発生する意図せざる崩壊である。彼ら為政者は政財界・学会をリードする有能な指導者である。彼らは、類似した出自、高等教育、キャリア経歴を持ち、同じ世界観（パラダイム）を共有している（Janis 1982 ; Kowert 2002）。周知のように「集団思考」の概念は経営社会学、組織心理学、および政治学の現象として扱われてきた。ここでは、この概念を経済学の重要な構成要素と考えたい。

　図 7-1 は、「制度設計の失敗と集団思考」の枠組みを示したものである。本来、制度の制定は、法律的な枠組みを含め、様々な政治勢力や利害集団が鬩ぎ合う、闘争・駆け引き・妥協の産物であり、必ずしも科学的・合理的な意思決定・組織行動によって決定されるものではない。その意味で、制度の設計は、不確実性が高く、不安定な政策形成プロセスと表裏一体の関係にある。法律の条文は意図的に曖昧に書かれ、多義的な解釈が可能な余地を残そうとする。

　解釈の「余地」は、行政側にとって裁量権をふるう範囲を与える。行政はその「範囲」の中で、施行細則を作り、政策を実行可能なものに仕上げる。新しい法律を条文通りに解釈し、行動することには危険がともなう。それは、行政が意図する文脈から外れる可能性があるからである。制定された法律が

制度として確立するためには、条文に含まれる多義性を排除し、社会的に共有化されたルールにしなければならない。この過程で、個人、集団、企業と行政との間に葛藤が生まれる。これらの葛藤を裁判制度によって解決し、判例を積み重ねることで、制度が確立していく。この制度の確立とともに、経済の新しい成長曲線（S字カーブ）が始まる。以上はあくまでも理念的な制度設計の道筋であり、現実には様々なバイアスが含まれる。次に図7-1の(1)〜(5)の段階で発生するリスクを検討する。

(1) 制度改革の必要性が認識され、様々な議論が始まる過程（図7-1の(1)と(2)）では次のようなリスクが発生するだろう。
〇制度の老朽化・陳腐化の認識：経済成長による個人所得の上昇、生活レベルの向上、平均余命の向上などにともなって、既存の制度設計の前提が崩れ様々な社会問題や不満が発生する（貧富の格差、年金制度の崩壊、健康保険制度の破綻など）。それを政権奪取の手段に使おうとする政治勢力が台頭する。
〇制度の悪用：旧制度が目的達成後も法的規制として残ると、旧弊化した制度を悪用する人間や組織が出現する（豚肉の保護関税制度、障害者の保護を目的とした郵便事業、特定農産物の政府買上機構、減反政策など）。これが機会主義的行動を誘発する。
〇制度の恣意的な改編への誘惑：世論や新しい経済学のパラダイムに便乗する（例、「小さな政府」や自由放任主義）ことで、族議員と特定の利害集団（企業や業界）が制度の一部分を改変し、他の部分をそのまま残すことにより、法的な抜け穴を作ろうとロビーイングを開始する（グラス・スティーガル法の廃止、時価主義会計の部分的停止、簿外処理の容認、など）。これらは特定の業界に大きな利益をもたらす可能性が高い。

(2) 法制化のプロセス（図7-1の(3)）では、不確実性と多義性の問題を中心に、次のようなリスクが発生する。経済学者、行政学者、法律家が論理一貫した制度を設計し提案したとしても、それが立法として成立するため

には、権力闘争を含む政治プロセスを経なければならない。新しい制度の目的や設計思想（アーキテクチャ）は、政治家、行政官、マスコミや一般大衆には、必ずしも正しく理解されない。法案そのものも多くの反対者によって、彼らの利害に沿うように歪められる可能性がある。

　(3)　法律を作成し、実施に移す（図7-1の(4)）局面では、次のようなリスクが発生する。行政が関与しない議員立法によって制度の原案が議会に提出された場合、それが行政側の意図や利害と相反するのなら、族議員や高級官僚が法案成立に抵抗を試みるだろう。官僚らの「面従腹背」によって法の実施に際して不確実性が残るかもしれない。こうした様々な利害と解釈の相違を乗り越えて制度が確立し、うまく機能することで経済の復興が実現する。

　このように、現実の制度は、経済合理性が保証されるわけでもなく、首尾一貫した論理的な構造体でもない。むしろ、多義的な解釈が可能な、曖昧で難渋な専門用語で書かれた言語体系（法律）である。為政者の解釈と行動に恣意的な余地を残すために、意図的に曖昧に書かれる場合もあるだろう。したがって、言語体系としての「法律」は、為政者の思惑で解釈のずれや歪みが生まれやすく、操作されやすい脆弱性を内包する。有能な弁護士は、法を雇い主に有利に解釈するかもしれない。行政側は、その解釈は法の精神を反映していないと論難するだろう。制度にまつわる不都合（犯罪）が発生し、それが様々に解釈され、法廷で論議され、最終的に判例として制度化されるまで、法律の「解釈」には曖昧性や不確定性が内在する。その曖昧性や不確実性が誘因となって、強欲（グリード）が喚起され、機会主義的行動が発生する。パラダイムを共有する政策集団が権力を握ると「集団思考」の危険が深まる。この「集団思考」の罠を避けるためには、広く一般大衆の批判的意見に耳を傾ける、開かれた「政治」や「行政」が不可欠となる。民主主義が担保されて初めて、「制度」は正常に機能する。国民に広く支持された政治勢力や行政機構などの公的権力により「制度」に正当性（legitimacy）が与え

られ、その枠組みに沿って経済が成長軌道を回復する（図7-1の（4）と（5））。

　この（1）〜（5）の過程は「制度設計」の理念的な過程を描いたものである。この過程には、不確実性があり、集団思考の罠が待ち受けている。制度設計は、それが人工物（artifact）である限り「失敗」は免れない。制度設計に失敗したため、経済を成長軌道に回復できなかった国や地域は歴史上無数にある（Diamond 2005）。問題は、制度設計の過程に含まれる不確実性や機会主義をどう取り除くかである。ここで、われわれは、オリバー・ウイリアムソン（Williamson 1975）の命題を再認識する。最初から制度の悪用を意図して犯罪行為をなす者は論外としても、多くのビジネスマンは機会主義的な行動により、制度の解釈を自己や自社に有利なように歪める可能性がある。しかも、世の中の流れ（社会の雰囲気や「空気」）や価値観が、制度の乱用を容認する方向に向かう時（例、「民営化」と称する国有財産の売却を政府が奨励していると解釈可能なマスコミや学者、為政者による言動）、制度の「骨抜き」が進む。事態の悪化はアービン・ジャニス（Janis 1982）の言う「集団思考」によって加速化される。

　集団思考が発生すると、集団の認知が固定化し、集団決定からの逸脱が許されず、外部からの批判を拒絶する態度が生まれる。集団は頑なになり、ますます誤った意思決定に突き進む。集団に属する人々は自己検閲を強化し、自ら集団に迎合する行動や規範を創り出す。こうして優れた頭脳を持つ政策集団が、社会の倫理や道徳に反する方向に突き進み、市民の批判を浴びながらも方向転換ができずに国や企業を破滅に導く。ジャニスはこうした集団暴走による自滅を「集団思考の罠」と呼んだ。太平洋戦争、ベトナム戦争、最近では福島原発の対策の遅れも、「集団思考の罠」の典型的な事例と言えるだろう。同質化した集団によく見られる失敗である。社会の上層部（為政者）でモラルハザードが生まれると、またたく間に庶民に蔓延する。こうして、制度設計の失敗による大崩壊、いわゆる「システミック・クライシス」が発生する。今回の世界同時不況の原因となったアメリカのサブプライム問題は、まさに、「制度設計の失敗」の典型とみることができる。

2　基本原因としてのアメリカの財政問題

　制度の失敗や崩壊が起こる原因は、社会経済の内奥に巨大なエネルギーを持つマグマが堆積するからである。それは長年にわたる「制度疲労」により、解決されず放置されてきた問題がもはや抜き差しならない状況に立ち至ったことを意味している。アメリカの双子の赤字（財政と貿易の赤字）は、すでに80年代から顕在化していた。経済学者の再三の警告にもかかわらず、政治家はドルの垂れ流しを抑制しようとはしなかった。

　図7-2は、アメリカ経済がピークを付けていた頃、2005年～6年頃のドルの資金還流を示したものである。この時点で、アメリカには8800億ドル（当時の換算率で約100兆円）、イギリスには690億ドルの資金が還流（不足）していた。この時点で、すでに中国は日本を凌ぐドル還流国になっていた。また中国は、カリブ海諸国を経由する資金の流れも持っていた。他方、貿易黒字を持つ東南アジア諸国は830億ドル、石油収入で潤う産油国（サウジアラビア、ロシア、ベネズエラなど）は、2130億ドルもの資金を還流させていた。その多くは、EUを経由して投資された。そのため、スイスのUBS銀行などは、大量のドル債券を保有することになった。ロシアをはじめとする産油国は、反米政策もあり、早くからユーロへの転換を図っていたが、EUの金融機関は、運用先をアメリカにしたため、実際の資金還流には支障がなかった。これが、後になって、ヨーロッパの金融機関が対米リスクを抱える原因となり（UBSなど銀行の流動性・資本不足）、ロシアや東欧諸国のカントリー・リスクに繋がっていく。

　このように、アメリカとイギリスは、財政赤字と貿易赤字を穴埋めするために、ドル・ポンドの還流が不可欠であり、他の国々よりも高い金利のオファー（主要国の長期金利よりも3％以上高い）が必要だった。アメリカがゼロ金利政策を採ると、資金の還流が停滞するだけでなく、逆に金利の高い国にドルが流出する（所謂ドルキャリ）ことは自明だった。以前より、アメリカとイギリスは、資金還流がなければ経済が維持できない国なのである。す

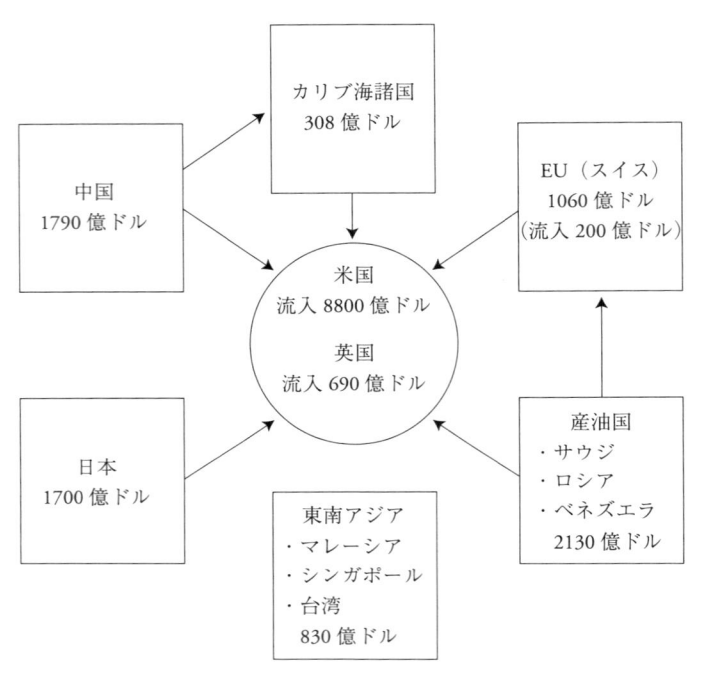

```
                    ┌─────────────┐
                    │ カリブ海諸国 │
                    │  308億ドル  │
                    └─────────────┘
                           │
┌──────────┐              ▼           ┌──────────────┐
│  中国    │          ╱──────╲        │  EU（スイス）│
│1790億ドル│────▶   │  米国  │        │  1060億ドル  │
└──────────┘         │流入8800│◀──── │(流入200億ドル)│
                    │ 億ドル │        └──────────────┘
                    │  英国  │                ▲
                    │流入690 │                │
                    │ 億ドル │        ┌──────────────┐
┌──────────┐         ╲──────╱        │   産油国     │
│  日本    │────▶                    │ ・サウジ     │
│1700億ドル│         ▲                │ ・ロシア     │
└──────────┘         │                │ ・ベネズエラ │
                     │                │  2130億ドル  │
              ┌──────────────┐       └──────────────┘
              │  東南アジア  │
              │ ・マレーシア │
              │ ・シンガポール│
              │ ・台湾       │
              │   830億ドル  │
              └──────────────┘
```

図7-2　2005〜6年頃のアメリカへの資金還流の流れ

でに1980年代から、アメリカの双子の赤字（財政と貿易の赤字）はドルの信用不安の原因として、問題視されていた（Smick 2008）[1]。アメリカの現状とバブル崩壊時の日本経済との根本的な違いは、国内に十分な貯蓄を持つか否かである。日本がゼロ金利政策を採れたのは、国内に1400兆円（15.5兆ドル相当）規模の預金があったからである。アメリカは04年からドル債券の95％を外国人買いに依存している。アメリカの貯蓄率はすでにマイナスであり（直近では借金返済のため消費を削減しているのでプラス4％程度）、ゼロ金利政策の基盤は脆弱である。

　不況対策に大量の国債を発行することは可能でも、ドル債券（国債、社債、証券など）の買い手を見つけることは困難であろう。大量の国債や債券をFRBに買わせる（貨幣発行）ことは可能でも、それはドルの信認を揺るがす事態を招きかねない。下手をするとドル離れを加速化し、過去のドル債が大

第7章　制度設計の失敗と多国籍金融業の行動：金融危機の一考察

量に売却される（ドルの暴落）リスクを招く。それと同時に、長期金利の暴騰（国債の額面価値の暴落）を招くだろう。アメリカのゼロ金利政策は、ドル還流という視点からすると危険な綱渡りである。

　2005年頃は、日本はゼロ金利政策を採用可能な国内貯蓄を持ち、貿易黒字を抱えていたので、アメリカに還流できるだけのドル資金の余剰があった。中国は、元の切り上げによる輸出困難を避けるために、ドルで上げた収益を本国に持ち帰らず、ドル債券に投資してきた。サウジアラビアを含む親米の産油国は、自国に投資機会がないこともあり、迷わずドル債に投資した。こうして、2006年頃までは、ドル資金の還流が順調に行われていた。しかし、アメリカは純債務国であり、財政基盤は脆弱だった。にもかかわらず、ブッシュ政権はテロとの戦いを際限なく拡大し、財政赤字を累積していった。日本の小泉政権は、1997年の金融危機以来手付かずのままであった銀行の不良債権処理を断行し、景気回復に一応の成果を見た。これを契機に、日本はゼロ金利政策と決別した。この日本の「ゼロ金利政策」の解除が、「円キャリ」と呼ばれる安い金利の円資金の海外運用に微妙な影響を与えた。アメリカへの資金還流が変調し始めるのはこの時期からである。1990年代の後半、ITバブルで引きつけたドルの還流は、2000年のITバブル崩壊によって勢いを失いつつあった。そこに9・11の同時多発テロである。アメリカの証券市場は一時閉鎖を余儀なくされた。アメリカにはドルの還流を引き付けるための新たな誘因、「不動産投資ブーム」を演出しなければならなった。アメリカ経済破綻の基本原因は、双子の赤字を埋めるための無理なドルの還流政策にある。この構造的な問題が解決されない限り、今後もバブルが繰り返されるだろう。「バブルを必要とする経済」、それがアメリカ人のモラルハザード（集団思考の罠）をもたらす原因である。

3　アメリカン・ドリームと持ち家政策

　2000年のITバブル崩壊、2001年の同時多発テロの打撃から立ち直るため、ブッシュ政権がとった経済政策が、持ち家政策の大胆な推進だった。「持ち

149

家制度」そのものは、アメリカの伝統的政策、つまり、「アメリカン・ドリーム」を実現させる施策である。アメリカの「持ち家制度」のルーツをたどると、意外なことに、1930年代の世界大恐慌にたどりつく。また、借り手にやさしい「世界一優れた住宅ローン制度」と言われる「ノンリコース制」[2] は「持ち家政策」の一環として導入された。さらに、個人・法人の宅地・建物の資産価値を守るため、都市部には容積率、建坪率、居住区画、用途指定などの様々な規制（制度化）が行われた。とくに、建物の高さ規制や容積率の規制が防波堤となり、地価の下落を防止した（隈 2004）。この土地家屋の建築規制と制度化が、個人・法人が所有する宅地・建物の資産価値を守り、絶えず上昇する仕組みの基となった。

　こうして、アメリカの不動産価格は、戦後60年にわたって年率2％程度の上昇を続けた。それが10％以上の急激な上昇を見るのは、サブプライムが急速に普及した2004〜5年頃からである。金融工学を駆使した不動産価格の予測モデルでは、地価の下落を10万分の1の確率で計算したと言われている。たしかに、戦後のデータを基にする限り、アメリカの地価下落の確率はほぼゼロと言える。しかし、バブル崩壊を経験した日本からすれば、ありえない数字である。ここに統計的予測（投射法）の根本的誤謬（ブラックスワン）がある。

　アメリカの持ち家制度には、他にも大きな問題があった。それは、「ホームエクイティー・ローン」（HEL）の制度である。購入した住宅価格が値上がりすると、その増加分を低い長期金利で借りられる仕組みである。多くの人がこのローンによって、贅沢な商品を購入し、華美な消費に走った。アメリカの個人住宅ローン証券残高は、2008年の不況開始の段階で約10兆ドル（1200兆円、2006年レート；日本は180兆円、2005年末）、HELの残高は米連邦預金保証機構（FDIC）によると、2008年3月末現在、8800億ドル（約94兆円）だった。アメリカのGDPの70％が個人消費なので、HELの消滅は消費を激減させたことがわかる[3]。住宅価格の下落は国富を大きく毀損する。約1200兆円の個人の住宅ローン債権残高のうち、プライムローン（通常の信用力のある人に対するローン）が876兆円、サブプライム・ローンが156

兆円程度と言われている（06 年 7 月）。サブプライムは、最初の 2 〜 3 年は金利がプライムローン並みの 7 〜 8％、それ以降は 10 〜 15％に跳ね上がる仕組みである。サブプライムは、貧困者向け「持ち家制度」として作られたローンだが、借り手の多くが、また住宅販売業者も「返済困難」とわかっていながらローンを組ませた。アメリカでは不動産仲介業に公的資格や免許は不要なので、雨後のタケノコのように仲介業者が生まれた。彼らは後先を考えず貧困層や一部の投機目的の富裕者に住宅を販売した。こうしてアメリカの住宅金融制度は、「制度設計の失敗」が原因となって深刻なモラルハザードをもたらした。

4　制度の利己的利用とモラルハザード

サブプライム・ローンの返済不能が次第に増加し、抵当流れの物件が急増しても（アメリカは 3 カ月滞納すると住宅を競売に掛けられる）、同情の声はあまり聞かれなかった。中流階級からは、「彼らもアメリカン・ドリームの夢が見られただけ幸せじゃないか」という声が聞かれた。信じがたい発言だが、じつは一理ある。つまり、サブプライム・ローンを借りた人の多くが、またローンを貸し出した銀行側や住宅を販売したブローカーも、ローンの元本返済をそれほど重視していなかったのである。

借り手の多くは、値上がりを待ってホームエクイティー・ローンを借りて、焦げ付いた消費者ローンを返済し、金利が高くなる 3 年後には「ノンリコース」の権利を行使する。また抵当流れの安い物件を買えばいいと考えていた。住宅ローンを貸した銀行は、抵当として宅地・家屋を差し押さえ、競売にかければ少なくとも元本は回収できる。しかも、後に述べるように、金融機関は CDS（クレジット・デフォルト・スワップ）を購入し、貸し倒れのリスクに保険を掛けていた。この料率は、通常は 1％程度と言われ、金利に上乗せされていた。しかも金融機関は、すぐにローン債権を証券化（MBS：モゲージ・バックド・セキュリティー、ABS：アセット・バックド・セキュリティー）して売却した。したがって、貧困層への融資も、担保の確保、リスク

保険、ローン債権の証券化という手法で、事実上、ノーリスクで運営されていた。

　ブローカーは、2005年頃から売れ残りが増え始めた新築住宅を早めに売却したい誘惑に駆られていた。ブローカーは資格試験に基づく免許制ではなく、ベンチャー起業として誰でも簡単に開業できた。彼らは、銀行の元融資係が多く、その時のノウハウを悪用して、所得証明書の虚偽申告や偽造に手を貸したという。住宅建築業者の団体は、新築の売れ残りが目立つようになると、ブッシュ政権に多額の政治資金を提供して、住宅販売促進のための政策を働きかけたと言われている。つまり、為政者を含む関係者全員が住宅ローン制度を「都合よく利用」したのである。バブル最盛期には、一般の人々さえも、サブプライム・ローンを借りて住宅投資に狂奔したと言われている。

　したがって、サブプライムのローン金利が10〜15％に高騰する2007〜8年以降、破綻者が続出することは予想できた。2008年頃にサブプライムを組んだ人の破綻は、2010年以降になる。住宅価格の下落は今後も続く。しかも、失業率の上昇（09年7月で10％弱、11年9月でも9％超）にともない、プライムローンでも破綻者が出始めている。アメリカの住宅価格はピーク時の50％まで下がると予測する論者もいる。仮に、アメリカの宅地・住宅の評価額を2000兆円と査定すると、実に、その半分の1000兆円が消滅することになる。日本のバブル崩壊で銀行が抱えた不良債権が200兆円、国富が1000兆円失われたという。少なくとも、アメリカのバブル崩壊はこの規模まで拡大する可能性がある。住宅価格が下げ止まらないと、不良債権の額が確定しない。2011年に至っても、世界経済に不安要因が残るのは、このためである。

5　なぜアメリカのファンドや投資銀行は過大なリスクを取ったのか

　アメリカの政府支援機関（GSE）である、米連邦住宅抵当公社（ファニーメイ）と連邦住宅貸付抵当公社（フレディマック）が債務保証の対象としている住宅ローンは全米の約50％のシェア、ざっと600兆円である。アメリ

カの地方銀行などが450兆円前後を貸し出し、残りの150兆円のローン債権が外国人保有である。ファニーとフレディーが倒産すると、アメリカの地銀が連鎖倒産するだけでなく、外国人保有分がデフォルトとなる。ファニーとフレディーがデフォルトすると、ドル債の投げ売りが始まる。両公社は絶対に倒産させられない。ファニーとフレディーの政府救済資金（約21兆円規模）は、ピーク時から20％以上下落した住宅価格からすれば少な過ぎる（20％は全国平均、NY、ロス、フロリダは09年1月時点で30％の下落）。2011年にかけて全米の住宅価格が30％まで下落すると、ファニーとフレディーだけで180兆円ほどのローン資産の評価損が発生する。資本金に対して30倍以上のレバレッジを掛けていた2公社は、膨大な資本不足に陥る[4]。アメリカ政府の計画する75兆円規模の救済資金では不足するだろう。問題は、住宅抵当公社ばかりでなく、ファンドや投資銀行（証券）をはじめとする「大手金融機関」が、過大な資金の貸し出しに応じ、無謀な投資を行っていたことである。金融危機によって、世界最大の銀行であるシティコープが資本不足に陥り、ベアー・スターンズが倒産（08年3月）し、ゴールドマン・サックスとモルガンスタンレーが銀行持株会社に転換し、メリルリンチが買収され、リーマンブラザースが負債63兆円で倒産した（野村證券がアジア欧州事業部門を買収）。アメリカの金融機関は総崩れとなった。なぜこのような連鎖倒産が起きたのか。

　第一に挙げられるのが、ファンドや投資銀行の資金運用（投資）の仕方である。欧米の金融機関は、少ない自己資本にもかかわらず銀行から借り入れ、レバレッジを利かせて膨らませた資金を大胆に投資していた（乗数金融）。金利の安い円などを借りて、金利の高いドル債で運用すると、金利の鞘が稼げる[5]。この場合、不動産証券など、担保価値の大きい資産を保有していれば、それを担保にして再び融資を求め、借りたカネを再び不動産証券などに投資する。この「担保―借り入れ―投資―担保」を繰り返せば、レバレッジを利かせた乗数金融が実現できる。カネ余りの状態では、異常な資金運用も正常の範囲と見なされていた。アメリカの金融業界全体が、「集団思考」の罠に陥っていたのである。

問題なのは、乗数金融はマイナスに働き始めると、不良債権もレバレッジの数（10倍、30倍）だけ膨らむことである。住宅価格の10％の下落は、銀行からの借り入れ金利が4％とすると、合計で14％、それに10倍のレバレッジを掛けていれば、140％のマイナスになる。ファンドや投資銀行のように30倍のレバレッジを掛けていたとすると、投下資金に比べた損失の割合は420％に膨らむ。アメリカの住宅価格はピーク時から30％の下落だから、レバレッジの掛かった住宅債券投資の損失額は天文学的数字に達する。住宅価格が下げ止まっても、消費の減退により商業用不動産の下落がその後に続くので、打撃は一層深刻化する。

　いくらアメリカの戦後の住宅価格が一度も下落したことがなかったとしても、このようなレバレッジの掛け方は常軌を逸している。このような高いリスクを取れた背景には、CDSという一種の倒産保険（デリバティブ）の仕組みがあった。つまり、リスクの高い投資や融資には、借り手が返済不能（デフォルト）に陥る場合を想定して、一定料率の保険をかけ融資の元本保証をする。ファニーやフレディーが発行する住宅ローン証券は、アメリカ国債と同様の信用があり、AAAと評価された。したがって、保険料も1％程度に過ぎず、貸出金利に上乗せされてローン契約が行われた。制度としては問題がない。投資銀行は住宅ローン債権（MBS、ABS）を様々な担保証券と合成して、CDO（コラテラライズド・デッド・オブリゲーション：資産担保証券の一種、合成証券とも言われる）として販売した。この合成証券の処方箋作りに金融工学のテクノロジーが駆使された。ローリスク／ローリターンのシニア債、中程度のリスク／リターンを期待できるメザニン債、ハイリスク／ハイリターンの劣後債（ジュニア債）、に切り分けた。安全確実な資産運用を望む買い手はシニア債、ハイリスクでも高いリターンを希望する買い手には劣後債を、という具合に顧客のニーズにあわせて世界で販売した。金融資産をリスクに応じて切り分け、メリルリンチなどのブランドで販売することは、金融技術としては秀逸である。この金融手法によって、アメリカはドルの還流を確保していた。制度としての欠陥は「合成の誤謬」を気付かせる、どのような早期警報システムも持たなかったことにある。

6 保険における「合成の誤謬」と「集団思考の罠」

　新古典派経済学では、世界は無限に大きいと想定されるので合成の誤謬は起こらない。しかし、現実の経済は限られた大きさなので、合成の誤謬が発生する。あらゆる金融機関が、あらゆる金融取引に保険を掛けて証券化したので、CDS の販売残高が天文学的数字に膨れあがるのは当然である。2008 年 9 月のリーマンショック以前に、CDS の総額は最大で 62 兆ドルに膨れあがった。世界の GDP 合計が約 52 兆ドルである。CDS は多くが相対取引であり、簿外処理されていたため、実数は不明だったという。保険が意味を成さないほど、CDS の規模が大きかったのである。リーマンブラザースのケースでは、国際スワップデリバティブ協会（ISDA）が、入札の結果、リーマンの清算価値は 8.625％ に決定したと発表した（2008 年 10 月 10 日）。市場での推計では、リーマンの契約残高（想定元本）は約 4000 億ドルと言われており、このうち 91.375％（3655 億ドル）が損失となった[6]。

　ファンドや金融機関の暴走を止められなかった最大の理由は「集団思考の罠」である。アメリカはもとより、小泉政権下の日本も市場主義者で埋め尽くされていた。とくに金融機関は、強欲資本主義を肯定し、あらゆる政府規制に反対するフリードマン流の「市場原理主義」が支配していた。世界の金融界のリーダーは、教育もキャリアも似通った MBA のファイナンス出身者で占められた。ヨーロッパの金融業界もアメリカナイズしていた。つまり、世界の金融業界は、極めて「集団思考」が発生しやすい状況にあったのである。

　金融自由化以前は、金融と証券の間には丈夫な壁が築かれていた。アメリカでは 1930 年の世界恐慌の反省から、銀行と証券の業務を隔てるグラス・スティーガル法が施行された。また、金融機関が州を跨ぐ営業を規制する州際業務規則も機能していた（金融機関が他州のローン債権に手を出すことが原則禁止されていた）。金融自由化の波は、銀行と証券の壁を排除する方向に進んだ。厳重な金融規制を解除し、最終的に「制度破壊」に導いたのが、

ゴールドマン・サックス系の人々（為政者）であった[7]。とりわけ重要な役割を果たしたのが、第70代の財務長官ロバート・E・ルービン（Robert E Rubin）である。彼は、ゴールドマン・サックス会長を経て財務長官に就任した。彼のおもな業績は「銀行と証券の垣根」を取り去り、自由な金融市場への道筋をつけたことである。第74代長官のヘンリー・M・ポールソン（Henrey M. Paulson）もゴールドマン・サックスの会長を経験している。彼は、金融自由化の副作用としての金融機関の暴走と金融バブル崩壊に責任がある。このロバート・ルービンとヘンリー・ポールソンは「究極のロビースト」と呼ばれている（神谷秀樹 2009）。ルービンの取り巻きには、グリーンスパンをはじめ数多の人材がいる。現役では、後任のガイトナー（財務長官）、ラリー・サマーズ（国家経済会議（NEC）委員長）、バーナンキ（FRB議長）が彼の同僚だった。この金融サークルの「集団思考」から中立でありうるのはオバマ大統領である。しかし、オバマ氏は金融問題に精通してはいない。ゴールドマン・サックス系以前の財務長官は、元国務長官でもあったジェイムズ・ベーカーしかいないのである[8]。

　ロバート・ルービンの功績は、フリードマンの信念を具現化したことである。小さな政府を信奉し、政府による規制（既存の制度的枠組み）の排除に努めた。その意味では、よきサッチャー主義者であり、レーガノミックスの遂行者と言えよう。彼は、首尾一貫して、ファンドや投資銀行という「金融業界」（その最大の受益者がゴールドマン・サックスである）に貢献する「制度改革」の推進者であった。彼の制度改革は、銀行制度そのものには手を付けず、自己の所属した証券業界の自由化を促進した。つまり、銀行には従来どおりの監督官庁の規制（その対価としての国による保護）を残し、ファンドや投資銀行（証券業務）に対する規制は大胆に緩和した。投資銀行には金融取引の簿外処理の「特権」も与えた。これにより、小さな自己資本比率で何十倍ものレバレッジ（借金による投機）を利かすことができるようになった。

　ロバート・ルービンとその同僚は、銀行には監督官庁の監視とBIS基準による8％の自己資本規制を義務付けた。この流れは現在も変わっていない。

第7章　制度設計の失敗と多国籍金融業の行動：金融危機の一考察

他方、証券業務（投資銀行）に対しては米国証券取引委員会（SEC）による監督があるはずだがうまく機能しなかった。金融取引の多くの部分が「仕組み投資会社：SIV」で行われ、簿外処理が認められていた[9]。簿外取引の危険性が指摘されていながら、なぜ改革がなされなかったのか。当時の金融界の論理では、銀行は預金者の保護のため監督官庁の監視が必要だが、証券投資は投資家の自己責任に委ねられるのだから自由であるべきだ、というものであった。エンロンは取引損失を連結決算対象外の子会社「特別目的事業体」（SPE）に付け替えて隠した（簿外損失）。この「制度の失敗」がありながら、彼らはSIVに対して規制を設けず、野放しにした。言うまでもなく、SIVは株主に対する報告義務さえなく、コーポレート・ガバナンスから巧妙に除かれている。SIVは経営者（CEO）の専横を許す仕組みに他ならない。ロバート・ルービンと彼の後任者は、立場上、SIVを規制することができたし、規制すべきであった。彼らがそれを「しなかった」ことは、重大な過失と言えよう。ところが歴史の皮肉によって、ロバート・ルービンは投資銀行の救世主になってしまった。グラス・スティーガル法を撤廃していなければ、投資銀行（証券会社）は倒産・消滅していただろう。ポールソンは、リーマンブラザースは資産内容が悪すぎるという理由で救済しなかったが、ベアー・スターンズとメリルリンチを銀行に救済させた。グラス・スティーガル法が撤廃されていたからこそ、銀行は証券を救済できたのである。政府は投資銀行（証券会社）を救済できないが、銀行ならば預金者保護の名目で救済（保護）できるからである。こうしてゾンビ化した投資銀行は銀行に憑依することで生き延びることができた[10]。ゴールドマン・サックス系の人々は、機会主義と集団思考の芸術的とも言える、みごとな結合を成し遂げた。ルービンとその同僚は、フリードマンの精神を実現したから偉大なのではない（Friedman 2002）。彼らは、結果として、「大きな政府」を招来しただけでなく、フリードマンが嫌った「国有化」によってアメリカ経済を疑似社会主義化した。

7　国際会計基準の恣意的運用

　制度失敗の問題はこれで尽きるのではない。国家権力が経済制度そのものに大きな歪みをもたらした。それは資本主義企業の根幹である会計制度の恣意的運用である。資本主義にとって、会計制度ほど本質的な「制度設計」はない。会計制度は、出資者に対する説明責任の根源であり、納税の根幹を担う「諸制度の中の制度」である。国際会計基準は、グローバル資本主義の根幹を担う「諸制度の中心」である。1997年、日本が金融危機に陥った時、アメリカ政府は日本に対し、国際標準としての資産の時価評価を強く求めた。日本は、株式・債券は時価評価、土地や機材は取得原価（簿価）という二重原則の会計基準を適用していた。これがバブルの温床になり、バブル崩壊後の長期低迷の原因を作った。これは、当時の日本政府（大蔵省）にとって、一種の「リスク対策」であったと考えられる。土地や資産が簿価であれば、その後の値上がりによって膨大な「含み資産」が生まれている。これを無税で企業に持たせ、倒産の危険が迫った時、市場で売却して「含み」を吐き出させる。企業は倒産から免れ、存続し、政府の最大の関心事である「雇用」が守られる。しかし、投資家にとっては、企業の実態としての資産内容（時価）が不明である。海外投資家（抹主）が増えるに従い、資産内容（評価）の不明瞭が問題になった。しかも、バブル崩壊後は、どの程度資産が「痛んでいるか」が不明確になった。時価主義への転換と国際会計基準の導入は、グローバル化する日本経済・企業にとって、避けられない道だったのである。しかし、2008年以降は、日本に時価主義を突きつけたアメリカ政府が国際会計基準の見直しに動いたのである。

　米・欧の主要金融機関、28社の08年の資本合計は148兆円であった。ところが、IMFが09年4月に発表した、金融機関の総損失の推定値は385兆円（4兆540億ドル）であった。IMFの計算は08年のデータに基づくので、実際はもっと悪化している。つまり、主要銀行は大幅な資本不足に陥っていて、政府が計画している支援策では不十分なのである。

そこでアメリカ政府（次いで EU や日本も追随）は重大な変更を行った。それが「ステートメント159号」である。このステートメントは、「負債の時価評価の下落を評価益とすることができる」と解釈可能な項目があるとされる[11]。つまり、企業が100億円の社債を発行しているとする。業績が悪化して社債の市場価格が90億円に下がった。その差の10億円を「評価益」として計上してよい、という指示である。この理屈は、次のようである。100億円の負債の将来価値が90億円に下がったのだから、企業は10億円分の返済義務の減少が生じた。したがって、10億円を利益として計上してもよい。しかし、社債の将来価値の減少は、企業業績の「悪化」が原因である。企業が償還日に社債（借金）を返済できない可能性が高くなった（支払い能力低下のリスク）ことを意味している。そのリスク増加分を利益計上するという論理には無理がある。しかし、この基準により、09年1～3月に、アメリカの金融機関は押並べて黒字決算を達成したのである。たとえば、シティーバンクの決算を見ると、09年1～3月期の最終利益が16億ドルになった。このうち、27億ドルが「負債の評価益」であった。つまり、これがなければ、シティーバンクは11億ドルの赤字だった。一方、保有するCDOなどの不動産関連の証券は、事実上買い手が存在せず、市場が消滅している。つまり、不動産関連の証券は時価評価がゼロということになる。これでは困るので、不良債権については時価評価をせず、取得原価（簿価）に近い数字で置いておくことが認められている。不良債権に対しては時価評価を停止し、負債については時価評価を認める、論理不一致がまかり通っている。

アメリカ政府をはじめ各国政府は、これ以上の政府支援を振り出すことは困難である。もはや「大きすぎて救済できない」（"Too Big to Save"）からである。だから、一日も早く「銀行は立ち直った、もはや政府による資本注入はいらない」と宣言したい。

アメリカ政府にできることが、もはや国際会計基準の適用回避でしかないとすれば、これは自らがドルの信認を破壊する行為、つまりドル機軸体制に幕を引く行為に他ならない。グローバルな新金融制度は、国際的な監督機構の下に置かれ、厳しく監視されることになるだろう。アメリカが支配する

IMFや世銀は、この任には相応しくない。新しい国際金融制度が必要になる。国際会計基準は、多国籍企業の基本的制度インフラである。これを守ろうとする運動が、多国籍企業の経営者の中から生まれるだろう。ルールと秩序を取り返さない限り、グローバルな金融制度は蘇らないだろう。制度設計の失敗は、新制度の制定でしか回復できないからである。

むすび　金融制度の再構築

最も優れた才能を持ち、素晴らしいキャリアを経て、最高意思決定グループに属した人々が、世論の反対を無視した無謀な意思決定を行い、企業や国家を危機存亡の淵に投げ込むことは、歴史上繰り返されてきた。ジャニス（Janis 1982）は、有名な著書の中で、アメリカの「ベスト・アンド・ブライテスト」が誤った政策に突き進んでいった過程を明らかにした。国際金融の世界でも、金融業界の「ベスト・アンド・ブライテスト」が「集団思考」の罠に陥り、大規模な制度崩壊をもたらすに至ったというのが本章の主題だった。ここでは、金融制度崩壊に深く関わった多国籍企業とその経営者について分析した。住宅ローンを提供した金融機関、個人向けローン債権を保証した政府支援機関（GES）、ローン債権を証券化して販売した投資銀行、金融取引にCDSを掛けて簿外処理をした企業とそれを許した会計制度、CDOを大量に販売した投資銀行や保険会社、それにAAAの評価を与えた格付け会社、SIVを活用して簿外で金融取引を拡大した商業銀行、過大なリスクを取って投資したファンド、それに資金を提供した機関投資家……これらすべてが多国籍銀行やグローバル企業、グローバルな影響を持つファンドや個人投資家であった。ICT（情報技術）の発展により、アメリカの金融危機は瞬く間に世界に拡大した。ドル還流の迂回路でもあったヨーロッパの金融機関が巨大なリスクに晒された。南欧を中心として不動産価格は続落し、ギリシアやポルトガルのソブリンリスクがスペイン、イタリアにも波及している。

21世紀初頭の世界同時不況は、多国籍企業とその経営者（とくに金融系）の意思決定の偏向が中心的な役割を担ったという点で、過去の不況とは異な

っている。とくに今回の不況は、1930年代の大恐慌の再発防止のための「諸制度」を改廃する過程で発生した。その反省に立つとすれば、次の制度設計には、金融系多国籍企業の意思決定に対する監視を含む厳しいコントロール・システムが必要になるだろう。市場の規律を維持し、機会主義（強欲）や集団思考の罠に陥らないような、新たな制度的枠組みの設計が必要である。それには、個人や法人が引き受けられるリスクの大きさ（具体的には自己資金の量とレバレッジの大きさのバランス）に制限を設け、国際的に監視する機構の創設が必要になるだろう。ファンドや投資銀行というビジネスモデルが復活するとすれば、それは国際的な監視下でのみ可能だろう。また、「商業銀行」の機能が再認識されるだろう。金融が本来持っていた機能、製造業やサービス経済の育成と支援への回帰である。新しい金融秩序（制度）が成立するまでに、金融業界と政治勢力との間で、対立と協調が繰り返されるだろう。

　そもそも、アメリカとイギリス、アイルランドやスイスもそうだが、金融立国を目指した国々には共通した特徴がある。長期的なトレンドとしての製造業の衰退である。これらの国々では製造業における国際競争力の減退と産業の空洞化が起こり、新興市場国への工場移転にともなう雇用の流失があった。この結果、優秀な人材の製造業離れ、金融業への集中が生じた。金融業は高い報酬を提示し、有能な人材を囲い込んだ。基本的に金融業界は「ゼロサム」の世界である。短期的には、誰かの損が誰かの得になる。国家が金融立国を目指す時、強欲の支配する利己主義が奨励されやすい（Csikszentmihalyi 2003）。小学生の教育の一環としてマネーゲームが教えられ、「強欲」を美徳とする教育がなされる。「強欲」を教え込まれた子供たちは、地道な「汗と努力」の労働を嫌うだろう。その結果、さらに農業や製造業が衰退する。こうした思想的バックグラウンドは、容易にモラルハザードを誘発する。アングロ・サクソン型経済の「強欲・金融資本主義」の破綻は起こるべくして起きたと言えよう。新しい金融制度の方向は、オバマ大統領の主唱する「グリーン・ディール」であり、「知的な製造業」をサポートする金融制度であるだろう（Friedman 2008）。グリーン革命を推進するためには、

製造業は過去の産業ではなく、未来を切り開く産業でなければならない。未来の製造業は、未来の金融業、つまり知的で節度をわきまえたバンカーが経営する商業銀行（例、グラミン銀行など）と、調和的なパートナーシップを結ぶことになるだろう（Prahalad 2010）。

謝辞：本章は、平成20年度科学研究費補助金（萌芽研究、代表 安室憲一）、研究課題：「制度設計の失敗による誤ったインセンティブ―なぜ経営者は法律の目的を読み間違えるのか」（課題番号 19653033）に基づくものである。

注
（1） 2009年9月25日に開催されたG20サミットでは、米国の経常赤字に代表される世界経済の不均衡の是正に向け、米国が財政赤字の縮小に、中国など新興工業国が内需拡大に努める国際的な政策協調で一致している（日本経済新聞2009年9月26日朝刊）。
（2） 住宅ローンは借り手に対してではなく、家や不動産に対して行われる。個人が破産した場合、家屋等を銀行に差し出せば以後の返済義務を負わない。日本はリコース制。阪神大震災の二重ローンの悲劇はリコース制だから起きた。
（3） 米連邦準備理事会（FRB）の統計によると、米家計が抱える負債残高は09年末で約14兆ドル（約1300兆円）、対国内総生産（GDP）比で見ると98％に相当する。ピークの07年には102％だったので、やや減少しているが、03年度では90％を下回っていたので、まだ「借り過ぎ」体質は改善されていないようである（日本経済新聞2010年4月24日朝刊）。
（4） ファニーメイは2010年5月10日、米財務省に84億ドル（約7800億円）の追加支援を要請した。ファニーメイの受け取る公的資金の合計は846億ドルに達する。1～3月期の決算は最終損益が130億5700万ドルの赤字だった（日本経済新聞2010年5月11日夕刊）。
（5） 2009年11月現在、アメリカの低金利政策によりドルキャリが行われ、新興国市場での投資バブルが拡大している。
（6） リーマンブラザース（Wikipedia）参照。
（7） 第70代長官のロバート・ルービンはゴールドマン・サックス会長、71代のローレンス・サマーズが世界銀行頭取、ハーバード大学学長、72代のポール・オニールがインターナショナル・ハーベスター会長、73代のジョ

ン・スノーが大手運輸会社 CSX 社長、74 代のヘンリー・ポールソンがゴールドマン・サックス会長を歴任。ポールソンを起用したのはゴールドマン出身のジョサイア・ボルテン大統領首席補佐官。74 代（現）のティモシー・ガイトナーは国際担当財務次官の時ルービン、サマーズの下で働いている。69 代のロイド・ベンツェンから 71 代はビル・クリントン政権、72 代から 74 代がジョージ・W・ブッシュ政権。69 代のベンツェンや 68 代のベイカーは政治家のキャリアで金融マンではない。つまり、70 代長官のルービン以降、金融関係者が財務長官を歴任している。
（8） 2009 年 12 月中旬、アリゾナ州のジョン・マケイン上院議員とワシントン州のマリア・カントウェル上院議員が共同でグラス・スティーガル法の再制定を提起している。ポール・ボルガーも再制定の主唱者である。
（9） 簿外処理が正当であったのは、それらの金融取引に CDS が掛けられていて事実上ノーリスクになっていると解釈されたからでもある。破綻するまでは多くの金融マンが簿外処理を問題とは考えていなかった。
（10） ルービンは財務長官の後、シティコープの会長を歴任したが、サブプライムの責任を取って 2009 年 1 月 10 日付で辞任した。シティのバランスシートは 2 兆ドル、オフバランスで 1.8 兆ドルの負債があると言われている。2009 年 1 月 26 日に発表されたシティの救済策は、① 250 億ドルの資本注入にさらに 200 億ドルの追加の資本注入。②シティが抱える 3060 億ドルの不良債権に対するアメリカ政府の保証。当初の 290 億ドルの損失はシティの負担となるが、それ以上の損失は 90％をアメリカ政府、10％をシティが負担する。③シティが政府に対する保証料として優先株 70 億ドルを発行し、27 億ドルの新株引受権を割当てる。④役員報酬については政府の承認を義務付け、向こう 3 年間、救済側の 3 者の承認なしには 1 セント以上の配当はできない。ちなみに、退職時にルービンはシティから 1 億 2000 万ドルの退職金を得た。これが、彼がアメリカ市民からグリードと罵倒された理由である。
（11） 米国財務会計基準審議会（FASB）は、ステートメント 159 号の趣旨を次のように述べている。少し長いが、英文で引用する。This Statement permits entities to choose to measure many financial instruments and certain other items at fair value. The objective is to improve financial reporting by providing entities with the opportunity to mitigate volatility in reported earnings caused by measuring related assets and liabilities differently without having to apply complex hedge

accounting provisions. This Statement is expected to expand the use of fair value measurement, which is consistent with the Board's long-term measurement objectives for accounting for financial instruments. このステートメントは含蓄のある文章である。複雑なヘッジ会計の準備をせずに、資産と負債の双方について一定期間の変動を緩和してよいとある。これは審議会の長期的な測定目的に沿うものである、としている。この文章からは、負債の時価評価の下落を評価益として計上することができる、とは読み取れない。しかし、現実には、銀行はこれで黒字決算に持ちこめたのである。条文の解釈における多義性を示す好例と言えよう。

終わりに

　2011年現在、世界は急速に変化している。米国、欧州連合、日本のいわゆる「トライアングル」がリードしてきた世界経済は、新興市場国を中心としたグローバル市場へと急速に移行しつつある。第7章で論じた「制度設計の失敗」はいまや米国から欧州連合（EU）へと拡大しつつある。一地域、ないし一国の「制度設計の失敗」が、世界全体へと拡散し、共有化される時代になった。地域と地域、地域と国の関係が、多国籍企業を含む無数の組織によって連結され、いつしかタイトにカップリングされていた。とりわけ、ICTが世界を覆うようになる1995年以降、変化の速度が加速化された。第6章で取り上げたBGCの現象（生まれながらのグローバル企業）もICTの普及と深い関係にある。いまや、グローバル市場が世界をくまなく覆っているように思われる。

　こうした現実に直面すると、われわれは本質的な疑問を抱くようになる。これからの世界では、個人も法人も、さまよえるオランダ人のように、本国を喪失していくものなのだろうか。もはや企業のイノベーションにとって、本国の生誕場所は意味のない存在になってしまったのだろうか。ICTの出現によって、イノベーションは特定の場所に限定された「地理的特殊性」を持つ現象ではなく、どこでも起こせる人為的な存在になったのだろうか。つまり優れた人材が入手できるのなら、研究開発やデザイン・センターは、本国本社や本拠地に置かれる必要はなく、中国やインドに設置されるべきものなのだろうか。その結果、グローバル化した経済では、多国籍企業の本国、多くは成熟した先進国は、製造拠点はおろか、頭脳部分（R＆Dセンター）まで失われ、空洞化していく運命なのだろうか。「フラット化する世界」では、先進国の雇用は失われ、より安価な労賃の新興工業国が繁栄するのだろうか。グローバル経済は、途上国の貧困だけでなく、先進国にも雇用の空洞化を通

じて貧困をもたらすのだろうか。こうした予測は、われわれの気持ちを暗くさせる。

　本書を通じて、われわれが主張したかったのは、企業にとって本国の出生場所は、永続的な重要性を持つもの、つまり「持続する競争優位」の源泉であるという事実である。企業は国内市場で培った（BGCでさえ）所有優位（O）ないしコア・コンピタンスを武器に海外市場に乗り出していく。本国市場は常にオリジナリティーの源泉であり、そこから企業が持つ個性的なビジネスモデルを通じて、作品（製品・サービス・デザイン・情報など）が生み出され、世界に発信される。各国に展開された子会社組織も、立地の優位（L）、とりわけその土地に埋設された「知のネットワーク」に自らを「埋め込む」ことで、イノベーティブな能力を獲得する。この新しく獲得された子会社組織のケイパビリティと本国本社が持つオリジナリティーが合体する時、イノベーションが開花する。組織の内部の資源だけでなく、組織の外部に深く根ざす「埋め込みの力」を最大限活用することが、グローバル企業の新しい姿である。このように考えると、本国の生誕場所を離れ、異国の地に知的生産場所を求める「グローバル化」は、オリジナリティーの喪失の危険があると言わなければならない。

　21世紀に求められるのは、陳腐なコモディティーではなく、華麗なるオリジナリティーである。世界に市場を作る過程では、第5章の総合商社の市場形成型直接投資と撤退戦略で見たように、垂直統合による中間財市場の内部化（垂直統合）が不可欠の手段であった。では技術標準化が浸透し、消費市場が形成された「後」では、消費者は何を求めるのだろうか。「初めて」消費財製品を購入する顧客にとって、決め手は「低価格」であろう。製品を所有したことがないので、使い勝手や耐久性といった商品特性に関する知識がない。したがって、「安さ」と誰もが持っている「コモディティー性」に惹かれるだろう。しかし、彼らが2台目、3台目の購入者に成長する時、あるいは、ティーン・エイジャーから落ち着いた中年層に成長する時、市場はその特性を変化させるだろう。差別的要素が小さなコモディティー商品から、差別化の利いたオリジナリティーのある商品へ、マーケティングの主体が変

わっていくだろう。つまり、この発展は、日、米、欧州の先進諸国が歩んだ道でもある。

　いま、消費の主流は新興市場国に移りつつある。そこでは、多くの消費者が耐久消費財の「初めて」の購入に沸き立っている。それは1950年代～60年代の日本を彷彿とさせるものがある。しかし、彼らが豊かになった時点で、現在の上海や北京の消費者のように、選択肢の多様性が、当然のごとく求められるようになる。低価格よりも高級な、陳腐なデザインよりもセンスのよいカラフルな製品が、知名度の低いブランドよりも高級ブランドが、嗜好される。その時、企業の持つオリジナリティーが差別化の切り札となる。では、このオリジナリティーはどこから来るのだろうか。

　オリジナリティーの源泉は、人と土地、そして両方を統合する組織である。土地を離れて人はおらず、人を離れて土地はない。人は土地柄を表し、土地は人の生きざまを映す。その特定の場所に位置する組織から、独特のオリジナリティーが生まれ、それが実用化された時イノベーションが生まれる。第6章のシルク・ドゥ・ソレイユの事例で見たように、モントリオールという土地柄とその中のヒッピーのコミューンから、独特のセンス、美意識が生まれてくる。サーカスの伝統のあるパリでもなく、マドリッドでもなく、モスクワでもないというところが重要である。土地柄とそこで生まれ育った人間たち（企業者、イノベーター）が、「新結合」を開始するのである。

　多国籍企業が次第に「創造性」を失い「オリジナリティー」を喪失するのは、必然なのか。少なくとも、BGCは極めて創造的だが、巨大化した多国籍企業はお世辞にも創造的とは言えない。それはなぜなのか。その理由の一つ、おそらく最大のものは、本国の生誕場所の軽視ないし放棄であろう。より具体的には、本国の「埋め込み」の衰退であろう。欧米の多国籍企業でも、「持続する競争優位」を確保している企業は、生誕場所を大切にしている。第3章で紹介したドイツのバーデン・ビュルテンベルク州はメルセデス・ベンツの本拠地である。トヨタ自動車の本拠地、豊田市と同様、メルセデスは本拠地を動かず、積極的な社会貢献を通じて、ローカルの「埋め込み」を耕している。つまり、オリジナリティーを重視する企業は、ほとんど例外な

く、出身地の「土地に埋め込まれた」知のネットワークの肥沃化に貢献している。同時に、海外子会社組織を設立する時も、場所の選定を慎重に行い、数世代先を考慮に入れ、地場の知のネットワークの活用を計算に入れるのである。地場との交流を密にすることで、垂直統合に必要な組織の経費を節約し、「飛び地」となって現地から孤立するリスクを避けようとする。社会貢献活動（CSR）を通じて現地の知的蓄積（大学、研究所、工業試験場、工業専門学校、博物館等）に投資し、人的交流を通じて外部に対してオープンになる。こうして、子会社組織は立地場所に「埋め込まれ」、知的・創造的エネルギーの注入を受ける。この「埋め込み」が、子会社組織の「持続する競争優位」をもたらし、多国籍企業全体の知的レベルの向上に資することができる。これを筆者は「埋め込みの力」（the Power of local embeddedness）と表現した。ローカルに根ざすこと、それがイノベーションの源泉であり、持続する優位の根本であると主張したい。

　その意味で、2011年の円高にさらされている日本企業は、大企業はもちろん中小企業までもが、アイデンティティーの危機に直面していると言わざるを得ない。日本らしさ、生誕地の持つユニークな特性を失い、単なるコモディティー生産企業となり、新興市場国に彷徨い出ていこうとしている。日本企業の「走出去」、「さ迷える日本企業」の誕生である。

　この結末は見えている。オリジナリティーを喪失した企業は、21世紀には生きていけない。日本企業が、その製造アーキテクチャの特性から考えて、台湾のEMS（例、ホンハイ）のような低価格の委託加工で世界に君臨できるとは考え難い。つまり、日本企業、とくに中小企業は、コモディティー商品で世界に勝てる優位性を持ってはいない。むしろ、日本的な仕事のやり方、高品質、多品種少量、高級な出来栄えなどで、差別化しなければならない。大量と低価格を追うビジネスでは、敗北は避けられないだろう。

　オリジナリティーを維持するためには、日本市場を幹とし、生誕地の「埋め込み」に根を張る企業でなければならない。ここ10〜20年は、新興市場国の成長により、「コモディティー市場」が急成長するだろう。1990年代から2005年頃の中国のように、新興国で売れる商品は「価格」が決め手だっ

た。その当時、高品質・高価格の日本製品は苦戦の連続だった。しかし、上海などの大都市を中心に中間層の所得が向上した。その結果、日本規格の高品質製品が売れ始めている。シンガポールのような高所得国は、全く日本仕様の製品で問題なく売れ筋となっている。量を追って低価格を志向した日本企業は、現地の競争相手の台頭によって駆逐された。あるいは、「安かろう」製品の生産者であった地場企業の品質向上により、またたく間に競争力を失った。オリジナリティーの喪失は、中間層市場では、致命的な失敗になる。つまり、製品差別化が必要になるステージで、差別化の切り札を失っていては、台頭する現地企業に対抗する手段がないからである。日本企業の「すぐそこにある危険」は、出身地の「埋め込み」の軽視である。グローバル企業になることは、日本を捨てることではない。ますます日本に深く根ざすことでオリジナリティーを磨き、世界各地の「埋め込みの力」を梃子にして、イノベーションを実現することである。日本に投資すること、とくに出身地の「埋め込み」を豊かにすること。それが、「持続する競争優位」の構築方法である。

参考文献

[外国文献]

Abo, Tetsuo (1994) *Hybrid Factory : The Japanese Production System in the United States*, New York : Oxford University Press.

Amin, A. (1993) "The Globalization of the Economy : An Erosion of Regional Network?" in Grabhar, G. (ed.) *The Embedded Firms : On the Socioeconomics of Industrial Networks*, London : Routledge : 278-295.

Amin, A. and N. Thrift (1994) "Living in the global," in Amin, A. and T. Thrift (eds.) *Globalization, Institution, and Regional Development in Europe*, New York : Oxford University Press : 1-22.

Arimura, Sadanori (2001a) "Diversity Management and Japanese Companies in the U.S.," *Proceeding* Vol.1-2, Papers Presented at PICMET 01.

Babinski, T. (2004) *Cirque Du Soleil : 20 Years Under The Sun*, Harry N.Abrams, Inc. Publisher.

Baldwin, Carliss & Kim B. Clark (2000) *Design Rules, Vol.1 : The Power of Modularity*, Massachusetts Institute of Technology. (安藤晴彦訳『デザイン・ルール：モジュラー化パワー』東洋経済新報社、2004年)

Boddewyn, J.J., Halbrich, M.B. and A.C. Perry (1986), "Service Multinationals : Conceptualisation, Measurement and Theory", *Journal of International Business Studies*, 16-2 : 41-58.

Bookstaber, R. (2007) *A Demon of Our Own Design*, Joln Willey & Son, Inc., (遠藤真美訳『市場リスク 暴落は必然か』日経BP社、2008年)

Brown, J.S. and P. Duguid (1991) "Organizational Learning and Communities of Practice : Toward a Unified View of Working, Learning and Information," *Organization Science*, 1-1 : 40-57.

Buckley, Peter. J. and Mark, Casson (1976) *The Future of Multinational Enterprise*, Palgrave Macmillan.

Buckley, P.J. (1983), "Macroeconomic versus International Business Approach to Direct Foreign Investment : A Comment on professor Kojima's Interpretation", *Hitotsubashi Journal of Economics*, 24-1 : 95-100. [Reprinted in P. J. Buckley (ed.), *International Investment*, England : Edward Elger, (344-349)].

Buckley, P.J. (1992), *Studies In International Business*, London : St. Martin's Press.

Bulcke, D. Van Den, J. J. Boddewyn, B. Martens, and P. Klemmer (1980), *Investment and Divestment Policies of Multinational Corporations in Europe*, New York: Praeger.

BusinessWeek.com (2008)「アウトソーシング新時代――大国インドの人気はコスト優位性が崩れて低下し、別の国が浮上」Rachael King, (2008/04/17).

Cantwell, J. (1991) "A Survey of Theories of International Production," in Pitelis, C. N. and R. Sugden (eds.) *The Nature of the Transnational Firm*, London, Routledge : 10-56.

Casson, M. (ed.) (1986). *Multinationals and World Trade*, London : Allen & Unwin.

Casson, M. (1991). *The Economics of Business Culture : Game Theory, Transaction Costs, and Economic Performance*, Oxford : Clarendon Press.

Casson, Mark (1994), "Institutional Diversity in Overseas Enterprise : Explaining the Free-Standing Company", *Business History*, 36-4 : 95-108.

Casson, Mark (1997), *Information and Organization : A New Perspective on the Theory of the Firm*, Oxford : Clarendon Press.

Cavusgil, S.T. (1994) "A Quiet Revolution in Australian Exporters." *Marketing News*, 28-11: 18-21.

Chandler, A.D. Jr. (1962). *Strategy and Structure*, Mass. : Harvard University Press. (有賀祐子訳『組織は戦略に従う』ダイヤモンド社、2004年)

Chandler, A.D. Jr. (1977) *The Visible Hand*, Harvard University Press. (鳥羽欽一郎・小林袈裟次訳『経営者の時代』上・下、東洋経済新報社、1979年)

Chandler, A.D. Jr. (1980). "The growth of the transnational industrial firms in the United States and the United Kingdom : A Comparative Analysis." *Economic History Review*, 33-3 : 396-410.

Chandler, A.D. Jr. (1990). *Scale and Scope : The Dynamics of Industrial Capitalism*. Mass. : Harvard University Press. (安部悦生・川辺信雄・工藤章・西牟田祐二・日高千景・山口一臣訳『スケール・アンド・スコープ：経営力発展の国際比較』有斐閣、1993年)

Chandler, A.D. Jr. (1994). "The competitive performance of U.S. industrial enterprises since the second world war," *Business History Review*, 68-1 : 1-72.

Chesbrough, H. (2007) *Open Business Models*, Harvard Business School Press. (栗原潔訳『オープン・ビジネスモデル――知財競争時代のイノベーション』翔泳社、2007年)

Coase, R.H. (1937), "The Nature of the Firm," *Economica*, 4 : 386-405. reprinted in G. J. Stigler and K. E. Boulding, (eds.), *Reading in Price Theory*, Richard D. Irwin, 1952.

Cook, P. and K. Morgan (1994) "Growth Regions under Duress : Renewal Strategies in Baden Württemberg and Emilia-Romagna," in Amin, A. and N. Thrifts (eds.) *Globalization, Institutions, and Regional Development in Europe*, New York : Oxford University Press : 91-117.

Coughlin, C., Terza, V.J. and V. Arromdee (1991) "State Characteristics and the Location of Foreign Direct Investment within the United States," *The Review of Economics and Statistics*, 73 : 675-84.

Csikszentrnihalyi, Mihaly (2003) *Good Business* (大森弘監訳『フロー体験とグッドビジネス』世界思想社、2008年)

Davenport-Hines, R.P.T. and G. Jones (eds.) (1989a), *Business in Asia since 1860*, Cambridge : Cambridge University Press.

Davenport, T.H. and L. Prusak(1998)*Working Knowledge*, M.A : Harvard Business School Press.(梅本勝博訳『ワーキング・ナレッジ』生産性出版、2000 年)

Diamond, Jared(2005)*Collapse, How Societies Choose to Fail or Succeed*, Viking Penguin(楡井浩一訳『文明崩壊』(上)(下)草思社、2005 年)

DiMaggio, P. and W.W. Powell(1983), "The Iron Cage Revisited : Institutional Isomorphism and Collective Rationality in Organizational Fields", *American Sociological Review*, 48 : 147-160.

Dunning, John H(1988), *Explaining International Production*, London : Unwin Hyman.

Dunning, J.H(1989), "Multinational Enterprises and the Growth of Service : Some Conceptual and Theoretical Issues", *The Service Industrial Journal*, 9-1 : 5-39.

Dunning, J.H(1992), *Multinational Enterprises and the Global Economy*, Workingham : Addison-Wesley.

Dunning, J.H., Kogut, B. and M. Blomström(1990)*Globalization of Firms and the Competitiveness of Nations*, Lund, Sweden : Institute of Economic Research, Lund University.

Dunning, J.H.(1991)"The Eclectic Paradigm of International Production : A Personal Perspective," in Pitelis, C. N. and R. Sugden(eds.)*The Nature of the Transnational Firm*, London : Routledge : 19-39.

Dunning, J.H.(1992)"Changes in the Level and Structure of International Production : The Last One Hundred Years," in Casson, M.(ed.)*The Growth of International Business*, London : George Allen & Unwin : 84-139.

Dunning, J.H.(1993) *The Globalization of Business*, London : Routledge.

Economist(1999)"The complications of clustering,"(January 2nd, 57-8).

Eccles, Robert(1981)"The Quasifirm in the Construction Industry", *Journal of Economic Behavior and Organization*, 2.(December): 335-357.

Enderwick, Peter(1989), "Some Economics of Service-Sector Multinational Enterprises", in P. H. Enderwick(ed.)*Multinational Service Firm*, London : Routledge.

Florida, R. and M. Kenney(1991)"Japanese Foreign Investment in the United States : The Case of Automotive Transplants," in Morris, J.(ed.)*Japan and the Global Economy : Issues and Trends in the 1990s*, London : Routledge : 91-114.

Florida, R.(2008)*Who's Your City? How The Creative Economy Is Making Where To Live The Most Important Decision Of Your Life*, Basic Books.

Friedman, J., Gerlowski, D.A. and J. Silverman(1992)"What Attracts Foreign Multinational Corporations? : Evidence from Branch Plant Locations in the United States," *Journal of Regional Sciences*, 32 : 403-418.

Friedman, T.A.(2005)*The World is Flat : A Brief History of the Twenty-First Century*, International Creative Management Inc.(伏見威蕃訳『フラット化する世界(上)(下)』日本経済新聞社、2006 年)

Friedman, T.A.(2008)*Hot, Flat, and Crowded, Why We Need A Green Revolution*.(伏見威蕃訳『グリーン革命』(上)(下)日本経済新聞社、2009 年)

Friedman, Milton (2002) *Capitalism and Freedom*, The University of Chicago. (村井章子訳『資本主義と自由』日経 BP 社、2008 年)

Gabrielsson M, and M.V. Kirpalani (2004) "Born Global : How to reach New Business Space," *International Business Review*, 35-6 : 555-571.

Ghemawat, P. (2007) *Redefining Global Strategy : Crossing Borders In A World Where Differences Still Matter*, Harvard Business School Publishing Corporation. (望月衛訳『コークの味は国ごとに違うべきか』文芸春秋、2009 年)。

Granovetter, M. (1985) "Economic Action and Social Structure : The Problem of Embeddedness," *American Journal of Sociology*, 91-3, 481-510.

Grabhar, G. (ed.) (1993) *The Embedded Firms : On the Socioeconomics of Industrial Networks*, London : Routledge.

Grabhar, G. (1993) "The Weakness of Strong Ties : The Lock-in of Regional Development in the Ruhr Area," in Grabhar, G. (ed.) *The Embedded Firm : On the Socioeconomics of Industrial Networks*, London : Routledge : 255-277.

Halperin, I. (2009) *Guy Laliberté-The Fabulous Story Of The Creator OF Cirque Du Soleil*, Transit Publishing Inc.

Hamel, G. and C.K. Prahalad (1994) *Competing for the Future*, M.A. : Harvard Business School Press.

Haupert, M. (2006), *The Entertainment Industry*, Green Wood Press.

Head, K., Ries, J. and D. Swenson (1995) "Agglomeration Benefits and Location Choice : Evidence from Japanese Manufacturing Investments in the United States," *Journal of International Economy*, 38 : 223-247.

Hennart, Jean-Francois (1986) "The tin industry," in M. Casson (ed.). *Multinationals and World Trade*, London : Allen & Urwin.

Hennart, J.F. (1994a), "International Capital Transfer : A Transaction Cost Framework", in Geoffrey Jones (ed.) *The Making of Global Enterprise*, London : Routledge. : 51-70.

Hennart, Jean-Francois (1994b), "Free-Standing Firms and the Internalization of Markets for Financial Capital : A Response to Casson", *Business History*, 36-4 : 118-131.

Herrigel, G.B. (1993) "Power and the Redefinition of Industrial Districts : Case of Baden Württemberg," in Grabher, G. (ed.) *The Embedded Firm*, London : Routledge : 227-251.

Heward, L. and J.U. Bacon (2006) *Cirque Du Soleil — The Spark*, Cirque du Soleil, Inc., (有賀祐子訳『白い扉の向こう側――ようこそシルク・ドゥ・ソレイユへ――』ランダムハウス講談社、2007 年)

Hodgson, Geoffrey M. (1993), *Economics and Evolution*, Cambridge : Polity Press.

Hodgson, G.M. (1993a), "The Mecca of Alfred Marshal (Ch. 7)," in Gernot Grabhar, (ed.,) *The Embedded Firms : On the Socioeconomics of Industrial Networks*, Routledge.

Hodgson, G.M. (1993b), Bringing Life Back into Economics (Ch. 16)," in Gernot Grabhar, (ed.,) *The Embedded Firms : On the Socioeconomics of Industrial Networks*, Routledge.

Hymer, S. (1970), "Efficiency (Contradictions) of the Multinational Corporation," *American Economic Review*, LX.-2 : 441-448. (宮崎義一編訳『多国籍企業論』岩波書店、

1979年、所収）

Hymer, S.(1976), *The International Operations of National Firms : A Study of Direct Foreign Investment*, MIT Press.（宮崎義一編訳『多国籍企業論』岩波書店、1979年、所収）

Janis, Irving L.(1982) *Groupthink : Psychological Studies of Policy Decision and Fiascoes*, 2nd Edition (Houghton Mifflin).

Jones, Geoffrey and Harm G. Schröter(1993), *The Rise of Multinationals in Continental Europe*, London : Edward Elgar.

Jones, G.(1995) *The Evolution of International Business*, London : Routledge.（桑原哲也・安室憲一・川辺信雄・榎本悟・梅野巨利訳『国際ビジネスの進化』有斐閣、1998年）

Jones, G. and L. Gálvez-Muñoz(eds.)(2002) *Foreign Multinationals in the United States : Management and Performance*, Routledge.

Jones, G.(2005) *Multinationals and Global Capitalism : from the Nineteenth to the Twenty-First Century*, Oxford University Press.（安室憲一・梅野巨利訳『国際経営講義』有斐閣、2007年）

Kenney, M. and R. Florida(1992) "The Japanese Transplants : Production Organization and Regional Development," *Journal of the American Planning*, Winter : 21-40.

Kenney, M. and R. Florida(1993) *Beyond Mass Production : The Japanese System and its Transfer to the U.S.*, New York : Oxford University Press.

Kim, W.C. and R. Mauborge(2005) *Blue Ocean Strategy*, Harvard Business School Publishing Corporation.（有賀祐子訳『ブルー・オーシャン戦略』ランダムハウス講談社、2005年）。

Knight, G.A. and S.T. Cavusgil(2004) "Innovation, organizational capabilities, and the born-global firm," *Journal of International Business Studies*, 35-2. : 124-141.

Knickerbocker, C.(1973) *Oligopolistic Reaction and Multinational Enterprise*, Harvard Business School Press.（藤田忠訳『多国籍企業の経済理論』ペリカン社、1978年）

Kobayashi, Noritake(ed.)(2005) *Global Management*, Japan Times.

Kojima, Kiyoshi(1982) "Macroeconomic versus International Business Approach to Direct Foreign Investment", *Hitotsubashi Journal of Economics*, 23-1 : 1-19. [Reprinted in Peter J. Buckley(ed.), *International Investment*, England : Edward Elger, 323-343.]

Kowert, P.A.(2002) *Groupthink or Deadlock*, State University of New York Press.

Krugman, Paul(2009) *The Return Of Depression Economics And The Crisis Of 2008*, W.W. Norton & .Sons, Inc.（三上義一訳『世界大不況からの脱出』早川書房）

Kumon, H., Kamiyama, K., Itagaki, H. and T. Kawamura(1994) "Industrial Analysis by Industry Types," in Abo, T.(ed.) *Hybrid Factory ; The Japanese Production System in the United States*, New York : Oxford University Press : 123-180.

Lazerson, M.(1993) "Factory or putting-out? : Knitting networks in Modena," in G. Grabher (ed.). *The Embedded Firm*, London : Routledge.

Lévi-Strauss, C.(1962) *La Pensée Sauvage*, Librarie Plon.（大橋保夫訳『野生の思考』みす

ず書房、1976 年）
Lipsey, R.E. and Kravis I. (1987) "The competitiveness and comparative advantage of U.S. multinationals 1957-1984." *Banca Nut ionale Del Lavoro Quarterly Review*. 147-165.
Madsen, T.K. and P. Servais (1997) "The Internationalization of Born Globals : an Evolutionary Process?" *International Business Review*, 6-6 : 561-583.
Madsen K.T., E. Rasmussen and P. Servais (2000) "Differences and Similarities Between Born Globals and Other Types of Exporters" *Globalization, the Multinational Firm*, 10 : 247-265.
Mair, A.R., Florida, R. and M. Kenney (1988) "The New Geography of Automobile Production : Japanese Transplants in the North America," *Economic Geography*, 64 : 352-385.
Marshall, A. (1890), *Principles of Economics*, Macmillan. (大塚金之助訳『マーシャル経済学原理』改造社、1928 年）
Moen, O. and P. Servais (2002) "Born Global or Gradual Global? Examining the Export Behavior of Small and Medium-Sized Enterprises," *Journal of International Marketing*, 10 : 49-72.
Moulaert, F. and C. Gallouj (1993) "The Locational Geography of Advanced Producer Service Firms : The Limits of Economies of Agglomeration," *The Service Industries Journal*, 13-2 : 91-106.
O'Huallachain, B. and N. Reid (1997) "Acquisition versus Greenfield Investment : The Location and Growth of Japanese Manufacturers in the United States," *Regional Studies*, 31-4 : 403-416.
Polanyi, Karl (1957) *The Great Transformation-The Political and Economic Origins of Our Time*- (吉沢英成・野口建彦・長尾史郎・杉村芳美訳『大転換――市場社会の形成と崩壊――』東洋経済新報社、1975 年）
Porter M.E. (1990) *The Competitive Advantage of Nations*, London : Macmillan. (土ս坤・小野寺武夫訳『国の競争優位（上）（下）』ダイヤモンド社、1992 年）
Porter, M.E. (1998) *On Competition*. M.A. : Harvard Business Review Book. (竹内弘高訳『競争戦略（1）（2）』ダイヤモンド社、1999 年）
Powell, W.W. (1990) "Neither Market nor Hierarchy : Network Forms of Organization", *Research in Organizational Behavior*, 12 : 295-336.
Prahalad, C.K. (2010) *The Fortune at the Bottom of the Pyramid*, 5th edition. (初版、スカイライトコンサルティング『ネクスト・マーケット』英治出版社、2005 年）
Reid, N. (1990) "Spatial Patterns of Japanese Investment in the U.S. Automobile Industry," *Industrial Relational Journal*, 21 : 49-59.
Reid, N. (1991) "Japanese Direct Investment in the United States Manufacturing Sector," in Morris, J. (ed.) *Japan and the Global Economy : Issues and Trends in the 1990s*," London : Routledge : 61-90.
Read, R. (1986) "The banana industry ; oligopoly and barriers to entry," in M. Casson (ed.) *Multinationals and World Trade*, London : Allen & Unwin.

Ripin, K.M. and L.R. Sayles(1999)*Insider Strategies for Outsourcing Information Systems*, Oxford University Press.（NTT データ研究所訳『IT アウトソーシング戦略』NTT 出版、2000 年）

Rubenstein, J.M.(1991)"The Impact of Japanese Investment in the United States," in C. Law (ed.)*Restructuring the Global Automobile Industry*, London : Routledge : 114-142.

Sandel, Michael(2009)*Justice-What's the Right Thing to Do?* International Creative Management, Inc.,（鬼澤忍訳『これからの「正義」の話をしよう』早川書房』、2010 年）

Shannon, D., Zeile, W.J. and K.P. Johnson(1999)"Regional Patterns in the Location of Foreign–Owned U.S. Manufacturing Establishments," *Survey of Current Business*, 79-5 : 8-25.

Smick, David, M(2008)*The World Is Curved*, Portfolio（田村源二訳『世界はカーブ化している――グローバル金融はなぜ破綻したか――』徳間書店、2009 年）

Solvell, O., I. Zander and Porter M.E.(1991)*Advantage Sweden*, the Macmillan Press.

Sobel, Robert(1999)*When Giants Stumble*, Prentice Hall.（鈴木主税訳『大企業の絶滅』ピアソン・エデュケーション、2001 年）

Streek, W.(1989)"Successful adjustment to turbulent markets : The automobile industry," in P. Katzenstein(ed.)*Industry and Politics in West Germany*, New York : Cornell University Press.

Surowiecki, J.(2004), *The Wisdom of Crowds : Why the Many are Smarter than the Few and How Collective Wisdom Shapes Business, Economics, Societies, and Nations*, Random House. （小高尚子訳『「みんなの意見」は案外正しい』角川書店、2006 年）

Teece, D.J.(1985)"*Multinational Enterprise, Internal Governance, and Industrial Organization*," *American Economic Review*, 75-2.

Tett, Gillian(2009)*Fool's Gold*, Abucuss（平尾光司監訳、土方奈美訳『愚者の黄金』日本経済新聞社、2009 年）

Ulgado, F.M.(1996)"Location Characteristics of Manufacturing Investments in the U.S. : A Comparison of American and Foreign-Based firms," *Management International Review*, 36-1 : 7-26.

Ulrich, K.(1995)"The Role of Product Architecture in the Manufacturing Firms," *Research Policy*, 24-3 : 419-440.

United Nations(1993)*World Investment Report : Transnational Corporations and Integrated International Production*, UNCTAD.

Van den Bulcke, D., Boddewyn, J.J., Martens, B. and P. Klemmer(1980), *Investment and Divestment Policies of Multinational Corporations in Europe*, New York : Praeger.

Vashistha, A. and A. Vashistha(2006)*The Offshore Nation*, McGraw-Hill.

Vernon, R.(1971)*Sovereignty at Bay : Multinational Spread of U.S. Enterprise*, Longman.（霍見芳浩訳『多国籍企業の新展開』ダイヤモンド社、1973 年）

Vernon, R.(1977)*Storm over the Multinationals*, Harvard University Press.（古川公成訳『多国籍企業を襲う嵐』ダイヤモンド社、1978 年）

Vernon, R.(1979)"The Product Cycle Hypothesis in a New International Environment," *Oxford Bulletin of Economics and Statistics*, 41-4 : 255-267.
Wilkins, Mira(1988a), "The Free-Standing Company, 1870-1914 : An Important Type of British Foreign Direct Investment", *Economic History Review*, 2nd series, 61-2 : 259-82.
Wilkins, M.(1988b)"European and North American Multinationals, 1870-1914 : Comparisons and Contracts." *Business History*, 30-1 : 8-45.
Wilkins, M.(1989), *The History of Foreign Investment in the United State Before 1914*, Cambridge Mass. : Harvard University Press.
Williamson, O.E.(1975), *Market and Hierarchies*, New York : Free Press.(浅沼万里・岩崎晃訳『市場と企業組織』日本評論社、1980年)
Williamson, O.E.(1985), *Economics Institutions of Capitalism*, The Free Press.
Williamson, O.E.(1986), *Economic Organization : Firms, Markets and Policy Control*, Harvester Wheatsheaf.(井上馨・中田善啓(監訳)『エコノミック・オーガニゼーション――取引コストパラダイムの展開』晃洋書房、1989年、再版2010年)。
Womack, J., Jones, D. and Roos, D.(1990). *The Machine that Changed the World*, London : Macmillan.(沢田博訳『リーン生産方式が世界の自動車産業をこう変える』経済界、1990年)
Womack, J. and D. Jones(1996)*Lean Thinking*, London : Simon & Schuster.(稲垣公夫訳『ムダなし企業への挑戦』日経BP社、1997年)
Womack, J. and D. Jones(1996)*Lean thinking*. London ; Simon & Schuster.(稲垣公夫訳『リーン・シンキング』(改訂増補版)日経BP社、2008年)
Yasumuro, Kenichi(1984), "The Contribution of Sogo Shosha to the Multinationalization of Japanese Industrial Enterprises in the Historical Perspective", in Akio Okochi and Tadakatsu Inoue(eds.), *Overseas Business Activities*, Tokyo : The University of Tokyo Press,(65-92).[Reprinted in Peter J. Buckley(ed.), *International Investment*, Edward Elgar : 97-124.]
Yasumuro, K.(1998), "Japanese General Trading Companies and 'Free-Standing' FDI after 1960", in Geoffrey Jones(ed.) *The Multinational Traders*, London : Routledge. : 183-200.
Yasumuro, K.(2000)"Transnational Enterprises and the Global Linkages between Local Economies : A New Perspective of Eclectic Paradigm," in *The Kobe University of Commerce 70th Anniversary Memorial Collection of Articles*(Kobe Shouka Daigaku Nanajyu Shunen Kinen Ronbun Shu), 359-378.
Yasumuro, K. and D.E. Westney(2001)"Knowledge Creation and the Internationalization of Japanese Companies : Front-Line Management across Borders," in Nonaka, I. and T. Nishiguchi(eds.)*Knowledge Emergence*, Oxford University Press, 176-193.
Yoshino, M.Y. and Thomas B. Lifson(1986), *The Invisible Link, Japan's Sogo Shosha and the Organization of Trade*, Cambridge Mass. : The MIT Press.

[邦文献]
天野倫文(2005)『東アジアの国際分業と日本企業』有斐閣。

参考文献

天野倫文・中川弘一・大木清弘（2008）「グローバル戦略の組織統合と経営革新——HDD 産業に見る経営革新の比較」『一橋ビジネスレビュー』56-2：62-77。
有村貞則（2001b）「在米日系企業における労働力の多様性とヒトの現地化」『山口経済学雑誌』49-1：237-262。
有村貞則（2001c）「在米日系企業とダイバーシティ・マネジメント（I）：アンケート調査結果に見る在米日系企業のダイバーシティ・イニシャチブの実施状況」『山口経済学雑誌』49-5：813-843。
有村貞則（2002）「在米日系企業とダイバーシティ・マネジメント（II）：アンケート調査結果にみる在米日系企業のデイバーシティ・イニシャチブの実施状況」『山口経済学雑誌』50-3：113-148。
安保哲夫編著（1988）『日本企業のアメリカ現地生産』東洋経済新報社。
安保哲夫・板垣博・上山邦雄・河村哲二・公文溥（1991）『アメリカに生きる日本的生産システム』東洋経済新報社。
安保哲夫編著（1994）『日本的経営・生産システムとアメリカ』ミネルヴァ書房。
池間誠編（2009）『国際経済の新構図——雁行型経済発展の視点から』文眞堂。
伊田昌弘（2002）「電子決済・e マネー」日本国際経済学会（編）『IT 時代と国際経済システム』有斐閣。
大東和武司（1996）「フリー・スタンディング・カンパニィは多国籍企業か」『商学研究（久留米大学）』、創刊号、137-171。
岡本康雄編著（2000）『北米日系企業の経営』同文舘。
梶浦雅巳（2005）『IT 業界標準——国際ビジネスの技術戦略』文眞堂。
梶浦雅巳編（2007）『国際ビジネスと技術標準』文眞堂。
神谷秀樹（2009）『世界はこう変わる』光文社。
國廣正・五味祐子・小澤徹夫（2007）『内部統制とは、こういうことだったのか』日本経済新聞社。
熊谷文枝（1996）『日本的生産システムイン USA』JETRO。
隈 研吾（2004）『負ける建築』岩波書店。
国領二郎（1999）『オープン・アーキテクチャ戦略』ダイヤモンド社。
小島清（1973）『世界貿易と多国籍企業』創文社。
小島清（1977）『海外直接投資論』ダイヤモンド社。
小島清（1985）『日本の海外直接投資』文眞堂。
小島真（2004）『インドのソフトウエア産業』東洋経済新報社。
齊藤憲監修（2000）『企業不祥事事典——ケーススタディ150』日外アソシエーツ。
佐伯啓思（2009）『大転換——脱成長社会へ——』NTT 出版。
佐竹隆幸（2008）『中小企業存立論』ミネルヴァ書房。
塩沢由典（1997）『複雑系経済学入門』生産性出版。
宍戸寿雄・日興リサーチセンター編著（1980）『日本企業イン USA』東洋経済新報社。
宍戸寿雄・山田充彦（1988）『新・日本企業イン USA』東洋経済新報社。
清水隆雄（1998）『海外直接投資の理論——決定要因の生成と発展』時潮社。

四宮由紀子（1996）「サービス多国籍企業論の構築——対外直接投資決定要因を中心として——」『星陵台論集（神戸商科大学）』29-2：91-116。

四宮由紀子（1998）「ホテル企業の海外チェーン展開について」『星陵台論集（神戸商科大学）』30-3：129-153。

島田克美（1990）『商社商権論』流通経済大学流通問題研究所叢書、東洋経済新版社。

新宅純二郎・江藤学（2008）『コンセンサス標準戦略』日本経済新聞社。

ジェトロ（2008）『インド・オフショアリング——広がる米国との協業』ジェトロ。

鈴村興太郎・長岡貞男・花崎正晴編著（2006）『経済制度の生成と設計』東京大学出版会。

周佐義和（2000）「第7章　北米地域における素材・部品供給業者との関係」、岡本康雄（編）『北米日系企業の経営』同文舘、171-194。

椙山泰生（2009）『グローバル戦略の進化』有斐閣。

関下稔・中川涼司（2004）『ITの国際政治経済学』晃洋書房。

関下稔（2004）「ITの国際政治経済学」関下稔・中川涼司（編）『ITの国際政治経済学』晃洋書房。

長谷川信次（1998）『多国籍企業の内部化理論と戦略提携』同文舘。

原田保・古賀広志（2001）『EMSビジネス革命』日科技連。

藤沢武史（2000）『多国籍企業の市場参入行動』文眞堂。

藤本隆宏（1997）『生産システムの進化論』有斐閣。

藤本隆宏（2000）「アーキテクチャと能力構築競争：自動車産業を中心とした企業の戦略転換を問う」『マネジメント・トレンド』5-2：51-75。

藤本隆宏・武石彰・青島矢一（2001）『ビジネス・アーキテクチャ——製品・組織・プロセスの戦略的設計』有斐閣。

藤本隆宏（2004）『日本のもの造り哲学』日本経済新聞社。

藤本隆宏（2007）『ものづくり経営学——製造業を越える生産思想』光文社新書。

藤本隆宏・大隈慎吾・渡邊泰典（2008）「人工物の複雑化と産業競争力」『一橋ビジネスレビュー』56-2：90-109。

藤本隆弘・キム・B・マラーク著、田村明比古訳（2009）『増補版　製品開発力』ダイヤモンド社。

古沢昌之（2006）「中国の「労使関係」に関する一考察——日系企業における「工会」の現状と課題——」『地域と社会』大阪商業大学比較地域研究所、9：47-69。

古沢昌之（2008）『グローバル人的資源管理——「規範的統合」と「制度的統合」による人材マネジメント』白桃書房。

洞口治夫（1992）『日本企業の海外直接投資』東京大学出版会。

堀中宏（編）（2001）『グローバリゼーションと東アジア経済』大月書店。

高井真（2007）『グローバル事業の創造』千倉書房。

高井真（2008）「ボーン・グローバル・カンパニー研究の変遷と課題」、江夏健一・桑名義晴・岸本寿生編『国際ビジネス研究の新潮流（5）』（第7章；125-149）中央経済。

竹田陽子（2000）「企業間取引情報化の変遷」『国際ビジネス研究学会関西部会大会報告』
竹田陽子（2000）『プロダクト・リアライゼーション戦略』白桃書房。
田路則子（2005）『アーキテクチュアル・イノベーション――ハイテク企業のジレンマ克服』白桃書房。
町田祥弘（2008）『内部統制の知識』日経文庫。
中村久人（2008）「ボーン・グローバル・カンパニー（BGC）の研究――その概念と新しい国際化プロセスの検討――」『東洋大学　経営論集』72：1-16。
夏目啓二（2002）「IT時代における超国籍企業」日本国際経済学会（編）『IT時代と国際経済システム』有斐閣。
西口敏宏（2007）『遠距離交際と近所づきあい――成功する組織ネットワーク戦略』NTT出版。
西口敏宏（2009）『ネットワーク思考のすすめ――ネットセントトリック時代の組織戦略』東洋経済新報社。
西元まり（2003）『アートサーカス　サーカスを越えた魔力』光文社新書。
西元まり（2008）『シルク・ドゥ・ソレイユ　サーカスを変えた創造力』ランダムハウス講談社。
日本貿易振興会編（1985）『在米日系製造業経営の実態』日本貿易振興会。
日本能率協会編（1987）『北米における企業戦略』日本能率協会。
延岡健太郎（2006）『MOT技術経営入門』日本経済新聞社。
諸上茂登・藤沢武史・嶋正（2007）『グローバル・ビジネス戦略の革新』同文舘。
安室憲一（1986）『改訂増補　国際経営行動論』森山書店。
安室憲一（2003）『中国企業の競争力――「世界の工場」のビジネスモデル』日本経済新聞社。
安室憲一（2004）「グローバリズムを超えて――多文化主義と反グローバリズムの未来」兵庫県立大学『研究年報』35：39-52。
安室憲一（2005）「中国の労務管理の実情」『一橋ビジネスレビュー』52-4：40-52。
安室憲一・ビジネスモデル研究会（編）（2007）『ビジネスモデル・シンキング』文眞堂。
安室憲一（2008）「巻頭の辞」『多国籍企業研究』1（創刊号）：1-8。
柳下公一（2001）『わかりやすい人事が会社を変える：「成果主義」導入・成功の法則』日本経済新聞社。
山口隆英（2006）『多国籍企業の組織能力――日本のマザー工場システム』白桃書房。
吉原英樹（1979）『多国籍経営論』白桃書房。
吉原英樹（1989）『現地人社長と内なる国際化』東洋経済新報社。
吉原英樹（1996）『未熟な国際経営』白桃書房。

索　引

ア行

アウトソーシング（outsourcing）　8, 11
アウトソース　16
アーキテクチャ革命（architectural innovation）　3, 7
アセット・バックド・セキュリティー（ABS）　151
アメリカ型FDI　98
アメリカン・ドリーム　150
アダム・スミス（Adam Smith）　16
アービン・ジャニス（A. Janis）　146, 160
アラン・ラグマン（Alan Rugman）　ii
アルフレッド・マーシャル（Alfred Marchall）　23
アングロ・イラニアン　100
イスラム原理主義　141
一般管理費　25, 26
委託加工　10
移転価格政策　122
インターネットの見えざる手　7
インテグラル　8, 66, 67, 68, 69, 85, 139
インドのBOP（business process outsourcing）　8
インドの逆襲　14
インドの5大ITO（IT outsourcing）　15
内なる国際化　86
埋め込まれた企業（embedded firm）　ii
埋め込み（embedded）　ii, 28, 129, 130, 169
埋め込みの力（the Power of Local Embeddedness）　i, 125, 168
FDI死亡率　94
エミリア・ロマーナ（Emilia-Romagna）　42, 43, 44, 48, 53, 55, 56
エックレス　R.（Eccles R.）　96
お付き合い投資（'association' or 'friendship' investment）　121
オープン・アーキテクチャ（open architecture）　9, 56, 57, 69, 128
オリバー・ウィリアムソン（Oliver Williamson）　41, 44, 146

カ行

解散（liquidated）　111
外部経済（externality）　70
確実性　31
過剰な内部化（over-internalized）　41
寡占行動論　3
間接費　25
管理のコスト　25
機会主義的行動（opportunism）　28, 145, 161
企業チャンピオン（corporate champion）　4
企業内組合　18
企業の内部統制　27
企業犯罪（corporate crime）　30
疑似企業（quasi firm）　96, 97, 97, 120
機能的ロックイン　56
競争優位　39
極小所有の投資（micro-ownership

183

investment） 121
緊張モデル 98
金融市場 141
金融制度 141, 142
金融自由化 141
ギー・カロン（Guy Caron） 133, 135, 136
ギー・ラリベルテ（Guy Laliberté） 132, 133, 134, 135, 136, 137
クローズド・アーキテクチャ 128
クローズド・モジュール 68
クラスター分析 75
クレジット・デフォルト・スワップ（CDS） 151
グラノベッター（M. Granovetter） 28, 29, 34
グラス・スティーガル法 155, 157
グリーン革命 161
グリンフィールド 72
グローバル・リンケージ（global linkage） 3
経営アマチュアリズム 93
計画経済 46
計算不可能性 46
経済地理学的アプローチ 64
ケインズ政策 142
ケニーとフロリダ（M. Kenny & R. Florida） 61
限界有効性 23, 33
コア・コンピタンス 39, 43, 58
子会社の生存能力 111
国際会計基準 158, 159, 160
国際商圏 120
国際スワップデリバティブ協会（ISA） 155
国際生産の理論 20
国民経済の時代（home economy） 4, 5, 6

小島理論 95, 97, 98
コース・ウィリアムソンの定理 ii, 23, 29
コース（Ronald H. Coase） 34, 35
個体群生態学 123
古典的多国籍企業の理論（classic theory of multinational enterprise） 3, 20, 24, 107
古典的多国籍企業モデル 8, 13
コーポレート・ガバナンス 157
コモディティー 17
コラテラライズド・デッド・オブリゲーション（CDO） 154, 155
コンセンサス標準 33
合成の誤謬 154, 155
強欲（greed） 145, 161
ゴールドマン・サックス 153, 156

サ行

搾取労働 17
サービス多国籍企業 122
サービス・プロバイダー 12
サブプライム問題 141, 146, 150, 150, 151, 152
産業空洞化 62
産業集積（agglomeration of industry） 42
産業の雰囲気（industrial atmosphere） 42
しくみ投資会社（SIV） 157
仕事の束 12
仕事モジュール 16
市場価格（arms-length） 95, 96
市場形成型（market-making） FDI 94, 97, 107, 122
市場の失敗 ii, 23, 27, 30
市場の独占 98
市場の目 27

システミック・リスク　142
支店経済（branch economy）　44, 57
シニア債　154
死亡率（mortality）　110, 111, 112, 113, 114, 116
「社会化の過度に低い」（under-socialized）　45
ジョン・カントウェル（John A. Cantwell）　ii
ジョン・ダニング（John Dunning）　40, 41, 124
商社 FDI　93, 94, 106
商社参加型合弁　98, 99, 99
商業道徳　ii, 28, 29, 30
ジョーンズとシュレーター（Jones & Schöter）　93
集団思考（group think）　141, 143, 145, 146, 153
収容（expropriated）　111
職階級（デモケーション）　90
職人企業　54
所有に基づくコントロール　99
シルク・ドゥ・ソレイユ（Cirque du Soleil）　125, 130, 131, 136, 138, 139
ジェフリー・ジョーンズ（Geoffrey Jones）　ii, 3, 103
ジャスト・イン・タイム（JIT）　61, 83
ジル・サンクロワ（Gilles Ste-Croix）　133, 137
ジーン・フランソワ・ヘナート（J. F. Hennart）　40, 102, 104
信頼形成（trust-making）　41
垂直統合型企業　ii
垂直統合戦略　3
垂直統合の超過利潤　27
スタンドアローン　68
ステートメント 159 号　159, 163
ストリート・パフォーマ　130, 134, 135, 136
スペシャリスト　18
スマイルカーブ　11, 33
性悪説　ii
制度化された市場（institutionalized 'market'）　97
制度設計の失敗　141, 142, 143, 151, 157
政府支援機関（GSE）　152
生産ネットワークの連なり（filieres）　3
製造委託業（EMS）　7
制度の悪用　144
制度の厚み（institutional thickness）　42, 43, 57
制度の老朽化　144
制度疲労　147
世界の工場　10
折衷理論（eclectic paradigm）　20, 128, 129
ゼロ金利政策　149
繊維産業　99
戦略的意図　94
総合商社の海外関連子会社　108-118
組織イノベーション　ii
組織の失敗　27
組織の費用　ii, 27
組織の費用曲線　30
組織のモジュール化　12, 15
組織の有効曲線　30
組織犯罪　29
ソヴィエト連邦　46
ソブリンリスク　160
ソレクトロン　10

タ行

対外直接投資（FDI）　93
大都市立地　75, 78, 88
大衆車（people-mover）　52

高い死亡率　94, 107
多義性　144, 145
多国籍企業の理論　19, 101
第一次グローバル経済（first globalization）　4
第二次グローバル経（second globalization）　5, 19
脱内部化（de-internalized）　40, 41
ダニエル・ガルシア（Daniel Gauthier）　135
ダニングの折衷パラダイム　64
ダニングのトライアングル　65, 66, 70
地域経済のデザイン　140
チャンドラー（A. D. Chandler Jr.）　39
中間型　77, 81, 84, 87, 88
中間財（intermediate products）　94, 102, 107, 118, 119
中間財輸出　95, 106
長期契約（long-term contract）　121
地理的近接性　62
ディファレンシャル（differential）　6 66, 67, 69
「でこぼこした」世界（spiky）　i, 14, 16
撤退（withdrawal）　109, 110
田園立地　76, 78, 79, 83, 85, 86, 87, 88
デヴッド・リカード（David Ricardo）　16
デカップリング（de-coupling）　40
デザイン・ルール（design rules）　9
デジタル化　14, 15
投資銀行　141
東南アジア　106
特別目的事業体（SPE）　157
飛び地（enclave）　44
トーマス・ホッブス（Thomas Hobbes）　29, 45
取引費用　ii, 23, 25

ナ行

ナイトとカブスギル（Knight & Cavusgil）　127
内部化の過少（under-internalized）　46
内部化の過剰（over-internalized）　45
内部化理論　ii, 24, 102
中抜き戦略　11
ニッカボッカー（T. F. Knickerbocker）　3
ニットウエア企業　53
日本型FDI　98
日本的経営の特質　63, 68, 83
日本的労働慣行　83
日本の対米直接投資　62
ネット取引の費用　32
ノンリコース　150

ハ行

ハイマー（Steven Hymer）　26
ハルペリン（Halperin）　134
バーゲニング・パワー　17
場所特定性（place-specific）　47
場所の特異性　126
バーデン・ヴィユルテンベルク州（Baden Württemberg）　42, 43, 48, 49, 51, 56
バーチャル市場　7
パウエル　W（Powell W.）　97
比較生産費　16,
比較優位（comparative advantage）　16
比較劣位産業　97
非正規雇用　17, 18
ヒッピー文化　132
ビジネスの生態系　130, 140
ビジネスモデル（business model）　3, 12, 129, 141
ピーター・バックリー（Peter Buckley）

ii
不確実性 31
複雑性の理論（theory of complexity） 47
双子の赤字 148
不動産バブル 141, 149
振替価格 95, 121
フリースタンディング型 FID 107, 120, 121
フリースタンディング会社（free standing Company） vi, 7, 93, 100, 101, 105, 119
ブッシュ政権 141
BRICs（ブラジル、ロシア、インド、中国、南アフリカ） 6, 16
ブリティッシュ・ペトローリアム 100
物流インフラ型 77, 82, 84
ブルー・オーシャン戦略 129
分業（division of labor） 16
ヘンリー・ポールソン（Henry M. Paulson） 156
ベア・スターンズ 153
米国証券取引委員会（SEC） 157
米連邦住宅貸付抵当公社（フレディマック） 152, 153
米連邦政府抵当公社（ファニーメイ） 152, 153
法制化のプロセス 144
ホームエクイティー・ローン（HEL） 150, 151
貿易財 16
貿易補完型 FDI 97
ボーン・グローバル・カンパニー（born global company: BGC） 125, 126, 127, 129, 130
ポール・サミュエルソン（Paul. A. Samuelson） 16

マ行

マーク・カソン（Mark Casson） ii, 102
マザー工場 85
マティアス・キッピング（Mattias Kipping） ii
マッドセンとサーバァイス（Madsen & Servias） 127
マネジメント・エージェンシー 105
マネジメントの失敗 93, 94
ミスマネジメント 93
ミラ・ウィルキンズ（Mira Wilkins） vi, 100, 101
メザニン債 154
メリルリンチ 153
目標原価手法（cost-targeting） 52,
モゲージ・バックド・セキュリティー（MBS） 151
モジュール化（power of modularity） 7
モジュール型 8
持ち家制度 149
モラルハザード 149
モルガンスタンレー 153
モントリオール 125, 126, 132, 140

ヤ行

輸入代替政策 105

ラ行

立地選択行動 61
リーマンショック 141, 142
リーマンブラザース 153, 155
リーン生産革命 42, 48, 50, 55, 56
ルース・カップリング 121
レイモンド・バーノン（Raymond Vernon） 3

劣後債（ジュニア債）　154
レディング学派（Reading School）　ii
レネ・デュペ（René Dupéré）　133
労働契約法　19
労働組合の回避　83
ローカルコンテンツ　90
ローカル生産のネットワーク（local production network）　42
ローカルの埋め込み（local embeddedness）　126, 128, 140, 141
ロバート・E. ルービン（Robert E. Rubin）　156, 157, 163
ローン債権の証券化　151

ワ行

ワールド・イズ・フラット現象　13

著者紹介

安室　憲一（やすむろ　けんいち）

- 1947 年　横浜市に生まれる
- 1969 年　東京理科大学工学部経営工学科卒業
- 1971 年　神戸商科大学大学院経営学科博士前期課程　修了（経営学修士）
- 1974 年　神戸商科大学大学院経営学科博士後期課程　単位取得退学
- 1974 年　久留米大学商学部講師、助教授
- 1977 年　神戸商科大学商経学部　講師、助教授を経て
- 1989 年　同大学教授、これより研究科長、研究所長、学部長を歴任
- 1994 年　博士（経営学）、神戸大学より授与
- 2009 年　大阪商業大学総合経営学部教授、兵庫県立大学名誉教授、現在に至る。

主要著書

『国際経営行動論』（森山書店、1982 年）：経営科学文献賞
『グローバル経営論』（千倉書房、1992 年）：日本公認会計士協会「学術賞」
『中国企業の競争力』（日本経済新聞社、2003 年）：日本公認会計士協会「中山MCS 基金賞」
『新グローバル経営論』（安室憲一編著、白桃書房、2007 年）ほか。

多国籍企業と地域経済──「埋め込み」の力──
比較地域研究所研究叢書　第十二巻

2012 年 2 月 26 日　第 1 版第 1 刷発行

著　者　安　室　憲　一
発行者　橋　本　盛　作
〒113-0033　東京都文京区本郷5-30-20
発行所　株式会社　御茶の水書房
電　話　03-5684-0751

Printed in Japan
印刷・製本　シナノ印刷㈱

ISBN 978-4-275-00963-0　C3034
Ⓒ学校法人谷岡学園　2012年

《大阪商業大学比較地域研究所研究叢書 第一巻》
清代農業経済史研究　鉄山博　著　A5判・二九〇頁　価格・二一四〇〇円

《大阪商業大学比較地域研究所研究叢書 第二巻》
EUの開発援助政策　前田啓一　著　A5判・三九〇頁　価格・五八〇〇円

《大阪商業大学比較地域研究所研究叢書 第三巻》
香港経済研究序説　閻和平　著　A5判・二二〇頁　価格・二九〇〇円

《大阪商業大学比較地域研究所研究叢書 第四巻》
海運同盟とアジア海運　武城正長　著　A5判・三四〇頁　価格・四八〇〇円

《大阪商業大学比較地域研究所研究叢書 第五巻》
鏡としての韓国現代文学　滝沢秀樹　著　A5判・三一八頁　価格・四五〇〇円

《大阪商業大学比較地域研究所研究叢書 第六巻》
東アジアの国家と社会　滝沢秀樹　編著　A5判・二二二頁　価格・三三〇〇円

《大阪商業大学比較地域研究所研究叢書 第七巻》
グローバル資本主義と韓国経済発展　金俊行　著　A5判・四七四頁　価格・五〇〇〇円

《大阪商業大学比較地域研究所研究叢書 第八巻》
アメリカ巨大食品小売業の発展　中野安　著　A5判・三六〇頁　価格・五五〇〇円

《大阪商業大学比較地域研究所研究叢書 第九巻》
都市型産業集積の新展開　湖中齊　著　A5判・一九〇頁　価格・三四〇〇円

《大阪商業大学比較地域研究所研究叢書 第十巻》
産地の変貌と人的ネットワーク　粂野博行　編著　A5判・二三四頁　価格・三八〇〇円

《大阪商業大学比較地域研究所研究叢書 第十一巻》
転換期を迎える東アジアの企業経営　孫飛舟　編著　A5判・一九二頁　価格・三六〇〇円

海外子会社研究序説──カナダにおける日・米企業　榎本悟　著　A5判・二四〇頁　価格・一八二〇円

ジャパニーズ・ワーク・ウエイの経営学　奥田健二　著　菊判・三三六頁　価格・六六〇〇円

御茶の水書房
（価格は消費税抜き）